精選事例

消費税をめぐる判断と実務

著　金井　恵美子（税理士）

新日本法規

は　し　が　き

　税制調査会の答申を顧みてみると、租税制度の構築は、常に税負担の公平を確保することを目的としてきたのであり、より良い選択であるとする判断の裏付けもまた、税負担の公平に適うかという検証によっていたといえるでしょう。そして、その理念が成文法として定められたのは、昭和63年12月30日に成立した税制改革法（昭和63年法律第107号）です。税制改革法３条は、「税負担の公平を確保し、税制の経済に対する中立性を保持し、及び税制の簡素化を図る」と謳い、この税制改革の基本理念のもとに、消費税は創設されました。

　消費税は、消費に広く薄く負担を求めるという観点から、ほとんど全ての国内取引と輸入する外国貨物を課税対象とし、製造者や流通業者による転嫁を通じて、最終的に消費者が負担することが予定されています。

　ただし、実体法である消費税法は、課税の対象を「国内において事業者が行った資産の譲渡等」と定め、非課税又は輸出免税となる取引を掲げています。現実の取引は多岐にわたり、これらの判断に迷うことも少なくありません。

　本書の目的は、事例を用いて、消費税の課否判定を行う場合の判断の基準を明らかにすることです。

　事例の多くは、実際に納税者と課税庁が争った裁判例又は裁決例を題材にして作成したものであり、筆者が税理士として処理した事例、あるいは他の税理士からの相談事例を整理したものもあります。

　税務争訟は、個別の行政処分を取り消して納税者を救済するかどうかを判断するものですから、法令の趣旨と課税要件を明らかにするとともに、事実関係を確認する作業が欠かせません。したがって判決文、裁決文は、事実を詳細に記録した膨大な文書となります。本書に示し

た事例は、そのような判決文又は裁決文から、判断のポイントとなった要素を抽出し、実務に役立つ事例に仕立てたものです。

　筆者は、平成31年に税務経理協会より『消費税の実務事例Ｑ＆Ａ』を刊行いたしました。本書はその続編に当たるものですが、そこでご紹介した事例のうち特に有用と考えられるものは、現行の取扱いにアップデートして、再び掲載しています。

　本書が、税理士、税理士事務所職員、企業の経理担当者の方々が消費税に関する判断を行う際に、その一助になれば幸いです。

　本書の刊行を熱心に勧め、遅々として進まない執筆をあきらめずに支えてくださった新日本法規出版株式会社の加賀山量氏に、心から御礼申し上げます。

　令和６年10月

税理士　金井　恵美子

略　語　表

　法令名等の略語は、慣例にならい、消費税法は「消税」、消費税法施行令は「消税令」、消費税法施行規則は「消税規」、消費税法基本通達は「消基通」としています。

　その他、本書において使用した根拠となる法令等の略記例及び略語は次のとおりです。〔　〕は本文中の略語を示します。

※本書の内容は、令和6年4月1日現在の法令等によっています。

　　消費税法第2条第1項第8号＝消税2①八

会社	会社法
介保	介護保険法
介保則	介護保険法施行規則
関税	関税法
行訴	行政事件訴訟法
憲	日本国憲法
収用	土地収用法
酒税	酒税法
商	商法
食品表示	食品表示法
所税	所得税法
税制改革	税制改革法
税通	国税通則法
租特	租税特別措置法
宅建業	宅地建物取引業法
地税	地方税法
法税	法人税法
民	民法
〔薬機法〕	医薬品、医療機器等の品質、有効性及び安全性の確保等に関する法律
軽減税率通達	消費税の軽減税率制度に関する取扱通達

所基通	所得税基本通達
措通	租税特別措置法関係通達
法基通	法人税基本通達
インボイスQ＆A	「消費税の仕入税額控除制度における適格請求書等保存方式に関するQ＆A」平成30年6月（令和6年4月改訂）国税庁軽減税率・インボイス制度対応室
軽減個別Q＆A	「消費税の軽減税率制度に関するQ＆A（個別事例編)」平成28年4月（令和6年4月改訂）国税庁軽減税率・インボイス制度対応室

目　　次

第1章　総　論

ページ

第1節　国内取引の消費税 …………………………………………… 3

第2節　課否判定の全体像 …………………………………………… 11

第3節　インボイス制度の概要 ……………………………………… 12

第4節　輸入の消費税 ………………………………………………… 17

第2章　課否判定

第1節　課税の対象

第1　対価を得て行う資産の譲渡及び貸付け並びに役務の提供の判断

〔1〕　所得税において対価補償金の取扱いを受ける移転補償金 ……………………………………………………………… 21

〔2〕　第三者へのゴルフ会員権の譲渡 ……………………………… 28

〔3〕　使用料収入を横領された会議室の貸付け …………………… 32

〔4〕　保証債務を履行するために行った土地建物の譲渡 ………… 36

〔5〕　交通事故の損害金 ……………………………………………… 39

〔6〕　商品を引き取らせた場合の損害賠償金 ……………………… 41

〔7〕　組合員に賦課した一般賦課金 ………………………………… 45

〔8〕　弁護士会が受領する各種負担金 ……………………………… 49

〔9〕　役員退職金として車両を現物支給した場合 ………………… 55

〔10〕　自己発行ポイント ……………………………………………… 58

〔11〕 共通ポイント …………………………………………… 60

〔12〕 ポイント交換サービス ………………………………… 64

〔13〕 ジョイントベンチャー内部取引 ……………………… 67

〔14〕 商業ビルの管理費 ……………………………………… 72

〔15〕 マンション管理組合の管理費と駐車場の賃貸収入 ………… 75

〔16〕 マンション管理組合による修繕工事に係る仕入税額
控除 …………………………………………………… 79

〔17〕 親子間の土地の使用貸借 ……………………………… 80

〔18〕 親子間の土地の使用貸借（アスファルト舗装の贈与） ……… 82

〔19〕 廃業時に保有する資産のみなし譲渡 ………………… 86

〔20〕 同日における取得と譲渡 ……………………………… 90

第2　事業としての判断

〔21〕 宗教法人が行う絵画の譲渡 …………………………… 92

〔22〕 永代使用料に含まれる墓石等の対価 ………………… 95

〔23〕 事業と称するに至らない不動産の貸付け …………… 98

〔24〕 事業に付随する行為 …………………………………… 101

〔25〕 出向と労働者派遣 ……………………………………… 103

〔26〕 会計参与の報酬 ………………………………………… 107

〔27〕 料理長として勤務するホテルからの業務の請負 ………… 110

〔28〕 税理士が専門学校から受ける講師料 ………………… 114

第3　内外判定

〔29〕 日本以外の2か国で登録されている特許権の譲渡 ………… 119

〔30〕 国外にて行われるカーレースのスポンサー契約 ………… 123

第2節 非課税取引

〔31〕 1か月未満の期間の土地の貸付け……………………… 128

〔32〕 駐車場利用に伴う土地の貸付け………………………… 130

〔33〕 コインパーキングを経営する法人に対する土地の貸
付け……………………………………………………… 134

〔34〕 介護付き有料老人ホーム施設としての建物の貸付け……… 137

〔35〕 有料老人ホームにおける食事の提供…………………… 144

〔36〕 助産施設として利用されている建物の譲渡…………… 149

〔37〕 フリースクール事業……………………………………… 152

〔38〕 外国法人から受ける遅延損害金と売掛債権の譲渡収入…… 155

第3節 輸出取引等

〔39〕 契約どおりに船積みできなかった取引………………… 160

〔40〕 仕入先から国外に直送させる自動車部品の販売……………… 164

〔41〕 輸出証明がない取引……………………………………… 170

〔42〕 外国から原材料を無償支給され製品に加工する取引……… 173

〔43〕 国内において非居住者に提供するセミナー…………… 177

第3章 資産の譲渡等の時期と対価の額

〔44〕 対価の額が確定していない売上げの計上時期………… 181

〔45〕 居住用賃貸建物の譲渡の時期…………………………… 185

〔46〕 土地付き建物の値引き販売……………………………… 191

〔47〕 貸しビルの保証金………………………………………… 195

〔48〕 消費者に対するキャッシュバックサービス…………… 200

第4章　軽減税率適用の判断とインボイス制度

〔49〕　飲食料品の譲渡の判定………………………………………… 205

〔50〕　外食の判定……………………………………………………… 208

〔51〕　一体資産の判定………………………………………………… 210

〔52〕　マンション管理組合のインボイス発行事業者の登録……… 217

〔53〕　端数値引きがある場合のインボイス………………………… 221

〔54〕　軽減税率・標準税率の売上合計額からの一括値引き……… 225

〔55〕　輸送費の立替実費精算………………………………………… 230

〔56〕　委託販売におけるインボイスの交付………………………… 233

〔57〕　軽油の委託販売………………………………………………… 237

〔58〕　委託販売における純額処理とインボイスの保存………… 242

〔59〕　個人事業者からの家事用資産の購入………………………… 245

〔60〕　出向社員に係る通勤手当等…………………………………… 250

第5章　税理士の業務上の責任

〔61〕　事前通知がないことに抗議するため調査拒否した税理
士の責任………………………………………………………… 255

〔62〕　税理士の病気と簡易課税制度選択届出に係る「やむを
得ない事情」…………………………………………………… 262

第 1 章

総　論

2

第1章　総　論　　　3

　消費税は、個別間接税制度が直面している諸問題を根本的に解決し、税体系全体を通ずる税負担の公平を図るとともに、国民福祉の充実等に必要な歳入構造の安定化に資するため、消費に広く薄く負担を求める租税として創設されました（税制改革10①）。

　経済に対する中立性を確保するため、原則として事業者による商品の販売や役務の提供等の全てに課税し、課税の累積を排除する方式によるものとされ（税制改革10②）、事業者は、消費に広く薄く負担を求めるという消費税の性格に鑑み、消費税を円滑かつ適正に転嫁するものとされました（税制改革11①）。すなわち消費税は、消費支出に担税力を求めて、消費者が負担することを予定する間接税として設計されています。

　そのため、課税要件を定める実体法である消費税法において、課税物件である「消費」は、納税義務者である事業者の立場から「資産の譲渡等」と定義され（消税2①八）、課税標準となるべき「消費支出」については、課税資産の譲渡等の対価の額（対価として収受し、又は収受すべき一切の金銭又は金銭以外の物若しくは権利その他経済的な利益の額）が定められています（消税28①）。

第1節　国内取引の消費税

1　納税義務者

　国内取引に係る消費税の納税義務者は、全ての法人及び個人事業者です（消税5①）。

　ただし、小規模事業者の納税事務負担や税務執行面に配慮する必要があることから、基準期間における課税売上高が1,000万円以下である事業者の納税義務を免除する事業者免税点制度が設けられています。

　事業者免税点制度には、制度の趣旨に沿わない利用を防止するため

その適用を除外する多くの特例があります。

2　課税の対象

　消費税法は、納税義務者を事業者と定め、「国内において事業者が行った資産の譲渡等」を課税の対象としています（消税4①）。

　「資産の譲渡等」は、事業者の立場から「消費」を表現するものです。「事業として対価を得て行われる資産の譲渡及び貸付け並びに役務の提供」であり、代物弁済による資産の譲渡その他対価を得て行われる資産の譲渡若しくは貸付け又は役務の提供に類する行為（負担付き譲渡や金銭以外の資産の出資等）をいいます（消税2①八、消税令2）。消費税は消費者が行う消費支出に税負担を求めるものであるため、「資産の譲渡、貸付け、役務の提供」という具体的な消費の供給と、これを得るための消費者の支出、すなわち「対価」が存在しなければ、課税することができません。

　また、消費税は、日本国内における消費に課税するという、いわゆる仕向地課税主義を前提としています。これは、諸外国の付加価値税に通じる国際的ルールであり、国外において行われる取引に日本の消費税は及びません。

3　非課税

　国内において行われる資産の譲渡等のうち、消費税法別表第2に掲げるものは、非課税となります（消税6①）。

　課税物件である「消費」とこれを事業者の側から定義した「資産の譲渡等」とは、その範囲に多少のズレが生じます。例えば、土地は消費財ではなく土地の譲渡は財貨の消費とはいえませんが、法人が土地を売却した場合は、「国内において事業者が行った資産の譲渡等」に該当し、課税の対象となってしまいます。このように、課税の対象とな

第1章　総　論　　5

るけれども消費の供給とはいえないものは、「税の性格上、課税の対象としてなじまないもの」として、非課税とされています。このような非課税には、土地の譲渡のほか、有価証券の譲渡、利子を対価とする金銭の貸付け、行政サービス等があります。

　また、消費の供給であり、なおかつ「国内において事業者が行った資産の譲渡等」として課税の対象となるものであっても、社会福祉事業、介護サービス、医療、学校教育、住宅の貸付けなど、税負担を求めることが難しいと判断されたものについて、社会政策上の配慮から非課税が定められています。

【国内取引の非課税】

① 土地の譲渡及び貸付け

　土地には、借地権等の土地の上に存する権利を含む。

　ただし、1か月未満の土地の貸付け及び駐車場等の施設の利用に伴って土地が使用される場合を除く。

② 有価証券等の譲渡

　国債や株券等の有価証券、登録国債、合名会社等の社員の持分、抵当証券、金銭債権等の譲渡

　ただし、株式・出資・預託の形態によるゴルフ会員権等の譲渡を除く。

③ 支払手段の譲渡

　銀行券、政府紙幣、小額紙幣、硬貨、小切手、約束手形等の譲渡（仮想通貨を含む）

　ただし、これらを収集品として譲渡する場合を除く。

④ 預貯金の利子及び保険料を対価とする役務の提供等

　預貯金や貸付金の利子、信用保証料、合同運用信託や公社債投資信託の信託報酬、保険料、保険料に類する共済掛金等

⑤ 日本郵便株式会社等が行う郵便切手類の譲渡、印紙の売渡し場所における印紙の譲渡及び地方公共団体等が行う証紙の譲渡

⑥ 商品券、プリペイドカード等の物品切手等の譲渡

⑦　国等が行う一定の事務に係る役務の提供

　　国、地方公共団体、公共法人、公益法人等が法令に基づいて行う一定の事務に係る役務の提供で、法令に基づいて徴収される手数料

　　なお、この一定の事務とは、例えば、登記、登録、特許、免許、許可、検査、検定、試験、証明、公文書の交付等をいう。

⑧　外国為替業務に係る役務の提供

⑨　社会保険医療の給付等

　　健康保険法、国民健康保険法等による医療、労災保険、自賠責保険の対象となる医療等

　　ただし、美容整形や差額ベッドの料金及び市販の医薬品の販売を除く。

⑩　介護保険サービスの提供

　　介護保険法に基づく保険給付の対象となる居宅サービス、施設サービス等

　　ただし、サービス利用者の選択による特別な居室の提供や送迎等を除く。

⑪　社会福祉事業等によるサービスの提供

　　社会福祉法に規定する第一種社会福祉事業、第二種社会福祉事業、更生保護事業法に規定する更生保護事業等の社会福祉事業等によるサービスの提供

⑫　助　産

　　医師、助産師等による助産に関するサービスの提供

⑬　火葬料や埋葬料を対価とする役務の提供

⑭　一定の身体障害者用物品の譲渡や貸付け

　　義肢、盲人安全つえ、義眼、点字器、人工喉頭、車いす、改造自動車等の身体障害者用物品の譲渡、貸付け、製作の請負及びこれら身体障害者用物品の修理のうち一定のもの

⑮　学校教育

　　学校教育法に規定する学校、専修学校、修業年限が1年以上等の一定の要件を満たす各種学校等の授業料、入学検定料、入学金、施設設備費、在学証明手数料等

⑯　教科用図書の譲渡

第1章　総　論　　7

⑰　住宅の貸付け
　　契約において人の居住の用に供することが明らかなものに限る。
　　ただし、旅館業法に規定する旅館業に該当するもの及び1か月未満
　の貸付けを除く。

　非課税は、課税除外の取扱いであり、何らの手続を要することなく
課税の外に置かれます。
　事業者が行う資産の譲渡等が非課税とされた場合は、たとえその前
段階に課税された消費税があっても、これを税額控除の対象とするこ
とはできません。

4　免　税

　国内から国外に向けて行われる資産の譲渡等は、国外において行う
消費を供給するものですから、仕向地課税主義の原則からすれば、輸
出取引等に課税することはできません。
　また、売上げに課税しなくてもその前段階の税を控除することがで
きなければ、控除することができない税に相当する金額は輸出事業者
のコストとなり、結果的に輸出品の価格上昇を招きます。そこで、輸
出取引等については売上げに課税しない一方で、それに係る仕入れの
税を控除する免税（いわゆる「0％課税」）の措置がとられています。
0％課税の取扱いを受けるのは、資産の輸出販売、国際輸送、非居住
者に対する無形固定資産の譲渡など、輸出取引等として法令に定めら
れたもののうち、輸出許可書や契約書等によりその証明がされたもの
です（消税7）。

【輸出取引等の範囲】

輸出取引 （消税7①一）	・本邦からの輸出（原則として関税法2条1項2号 ≪定義≫に規定する輸出をいう。）として行われる 資産の譲渡又は貸付け

輸出類似取引 （消税7①二～ 五、消税令17）	・外国貨物の譲渡又は貸付け ・国内及び国外にわたって行われる旅客又は貨物の輸送（国際輸送の一環として行われる国内輸送区間における輸送を含む。） ・外航船舶等（専ら国内及び国外にわたって又は国外と国外との間で行われる旅客又は貨物の輸送の用に供される船舶又は航空機をいう。）の譲渡又は貸付けで船舶運航事業者等に対するもの （注）　外航船舶等には、日本国籍の船舶又は航空機も含まれる。 ・外航船舶等の修理で船舶運航事業者等の求めに応じて行われるもの ・専ら国内と国外又は国外と国外との間の貨物の輸送の用に供されるコンテナーの譲渡、貸付けで船舶運航事業者等に対するもの又は当該コンテナーの修理で船舶運航事業者等の求めに応じて行われるもの ・外航船舶等の水先、誘導、その他入出港若しくは離着陸の補助又は入出港、離着陸、停泊若しくは駐機のための施設の提供に係る役務の提供等で船舶運航事業者等に対するもの ・外国貨物の荷役、運送、保管、検数又は鑑定等の役務の提供 ・国内と国外との間の通信又は郵便若しくは信書便 ・非居住者に対する無形固定資産等の譲渡又は貸付け ・非居住者に対する役務の提供で次に掲げるもの以外のもの 　イ　国内に所在する資産に係る運送又は保管 　ロ　国内における飲食又は宿泊 　ハ　イ又はロに準ずるもので国内において直接便益を享受するもの

　また、外国人旅行者が国外に持ち出した後に消費することを前提に、

第1章　総　論　　9

輸出物品販売場（いわゆる免税店）を経営する事業者が、免税対象物品を所定の方法で販売する場合にその消費税を免除する輸出物品販売場制度があります（消税8）。

5　課税標準

国内取引の課税標準は、「課税資産の譲渡等の対価の額」です（消税28①）。

消費税は、消費に課税することを予定した間接税であり、課税標準として測定するべきは、消費者が消費のためにした支出の大きさということになります。したがって、譲渡等をする資産の時価に関係なく、実際の取引において支払われた対価の額を課税標準としています。

6　税　率

消費税の税率は、広く薄く負担を求める趣旨から、創設当時は3％とされていました。

その後、地方消費税が創設され、3度の税率引上げ及び軽減税率の導入があり、現在の税率は、次のようになっています（消税29）。

区　分	消費税の税率	地方消費税の税率		合計税率
			消費税率に換算	
標準税率	7.8％	消費税率の$\frac{22}{78}$	2.2％	10％
軽減税率	6.24％		1.76％	8％

7　3つの税額控除

消費税には、次の3つの税額控除があります。

① 　仕入税額控除：仕入れに係る消費税額の控除（消税30）

② 売上返還税額控除：売上げに係る対価の返還等をした場合の消費
　　　　　　　　　　税額の控除（消税38）
③ 貸倒れの税額控除：貸倒れに係る消費税額の控除（消税39）
　このうち、①の仕入税額控除は、税の累積を排除するために取引の
前段階において課せられた税額を控除するものであり、②の売上返還
税額控除及び③の貸倒れの税額控除は、課税資産の譲渡等を認識した
後に生じた事実に基づいて、課税標準額に対する税額を修正するもの
です。

8　仕入税額控除

　消費税は、1つの商品が消費者に届けられるまでの流通の各段階で、
取引の度に課税されます。そして、税の累積を避けるため、その前段
階で課税された消費税を排除する前段階税額控除方式を採用していま
す。すなわち、消費者に対する取引だけに限らず事業者間取引も含め
て全ての取引を課税の対象とする一方で、納付税額の計算においては、
その前段階で課税された消費税を排除する仕入税額控除を行います。

　消費税は、申告納税手続を行う事業者を通して、実質的に消費者が
税を負担することが予定されている間接税ですから、消費に対する課
税を実現するためには、税の転嫁が確実に行われなければなりません。
この転嫁の手続が仕入税額控除です。

　したがって、仕入税額控除は、他の税においてみられるような一定
の納税者に対する優遇や特典として存在する税額控除とは、その位置
付けが異なります。売上げに係る消費税額と仕入れに係る消費税額と
は車の両輪であり、そのいずれもが正しく把握されてこそ、納付すべ
き適正な税額の算定が可能となります。

　ただし、その適用については、課税仕入れ等を行った事実だけでは
足りず、帳簿及び請求書等の保存という手続要件が付されています。

第1章　総　論

令和5年10月1日以後は、国税庁による登録を受けた事業者が交付する適格請求書（以下「インボイス」といいます。）を保存する適格請求書等保存方式、いわゆるインボイス制度となっています。

第2節　課否判定の全体像

消費税は、納付すべき税額を計算するため、取引の全てを、課税・免税・非課税・課税対象外（以下「不課税」といいます。）の4つに区分します。これらの区分を行うことを一般に「消費税の課否判定」といいます。

国内取引に係る消費税の課否判定は、「資産の譲渡等」であるかどうかの判断を出発点にして、国内取引に該当するか、非課税資産の譲渡等に該当するか、輸出取引等に該当するか、と順を追って行います。

法律上、1つのものを2つに分ける場合、その両方を直接ないしは限定列挙して定義し、齟齬を生じない例は少ないと思われます。区分する両方を直接ないしは限定列挙して定義した場合、そのどちらの定義にも該当しない「その他」が生じる可能性があるからです。

したがって、消費税法も、取引の区分は、いずれか一方の定義を定め、それ以外のものと区分し、次にまたいずれか一方を定義する、という手法を取っています。

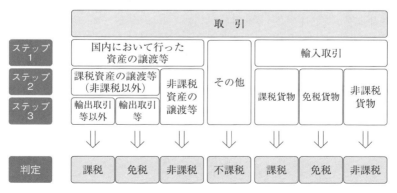

ステップ１…課税の対象の判断

　第一に、全ての取引は、「資産の譲渡等」とそれ以外とに区分します。国内において事業者が行った「資産の譲渡等」は課税の対象となり（消税4①）、次のステップで、非課税・免税・課税に分類します。課税の対象とならないものを不課税と呼びます。

ステップ２…非課税の判断

　次に、国内において事業者が行った「資産の譲渡等」のうち、非課税となる取引を区分します。

　非課税売上高は、課税売上割合の計算及び課税仕入れ等の用途区分のために、課税対象外の収入とは区分して明らかにしておかなければなりません。

ステップ３…免税の判断

　最後に、免税となる輸出取引及び輸出関連取引（輸出取引等）を判定します。

　国内における課税資産の譲渡等のうち免税とならないものが、課税取引です。売上げを行う事業者にとっては課税売上げとなり、仕入れを行う事業者にとっては課税仕入れとなります。

第3節　インボイス制度の概要

　インボイス制度は、軽減税率の導入に伴い、複数税率制度に対応した仕入税額控除の方式として、平成28年度税制改正において法制化されました。複数税率制度においては、売手が課税標準額に対する消費税額の計算に用いる税率と、買手が控除対象仕入税額の計算に用いる税率を一致させる担保として、インボイスの受渡しが必要であると判断されたのです。

　インボイスを交付するのはインボイス発行事業者ですが、免税事業者はインボイス発行事業者の登録ができません。その理由として、インボイスに記載した税率の適正性は、交付した事業者自らが申告することによって担保されるという点が挙げられます。また、小規模事業

第1章　総　論　　13

者を事務負担から解放するという事業者免税点制度の趣旨からすると、免税事業者がインボイスを交付する（他者の申告のために適正な税率を記載したインボイスを交付することができる）という前提を置くと、事業者免税点制度の存在理由に疑問が生じてしまうという点を指摘することもできるでしょう。

　免税事業者がインボイス発行事業者の登録をする場合は、課税事業者を選択しなければなりません。

　本書では、次の用語を使用しています。

インボイス制度	…適格請求書等保存方式
事業者登録制度	…適格請求書発行事業者登録制度
インボイス発行事業者	…適格請求書発行事業者
インボイス	…適格請求書（適格簡易請求書及び適格返還請求書を合わせてインボイスと呼ぶ場合もあります。）
簡易インボイス	…適格簡易請求書
返還インボイス	…適格返還請求書

1　インボイス発行事業者の登録とインボイス交付の義務

　課税事業者は、自ら申請して、インボイス発行事業者の登録を受けることができます（消税57の2①②）。

　税務署長は、インボイス発行事業者の登録申請書の提出を受けた場合において、その申請をした者が登録拒否要件に該当しないときは、その登録をし、適格請求書発行事業者公表サイトに所定の事項を公表します（消税57の2③④⑤）。

2　インボイス交付の義務

　インボイス発行事業者は、原則として、課税事業者からの求めに応じて、インボイスを交付し、その写しを保存しなければなりません（消

14　　　　　　　　　第1章　総　論

税57の4①⑥）。小売業や飲食店業等においては、インボイスに代えて
簡易インボイスを交付することができます（消税57の4②⑥）。また、1
万円以上の売上対価の返還等を行った場合には、返還インボイスを交
付しなければなりません（消税57の4③⑥、消税令70の9③二）。

　これらの書類の交付に代えて、その記載事項に係るデータ（電子イ
ンボイス）を提供することができます（消税57の4⑤）。

　インボイス及び簡易インボイスは、次の事項を記載した書類です（消
税57の4①）。

インボイス	簡易インボイス
①　売手（インボイス発行事業者）の氏名又は名称 　法人はその名称、個人事業者は氏名。電話番号の記載等により事業者が特定できる場合は、屋号や略称などを記載することができる。	
②　登録番号（T＋13桁の数字） 　表記は半角・全角を問わない。ただし、「T」は大文字。	
③　課税資産の譲渡等の年月日 　原則として目的物を引き渡した日又は役務の提供を完了した日を記載する。月まとめの請求書等はその期間を記載することができる。	
④　課税資産の譲渡等の内容 　商品名等を記載。「野菜」「文房具」「飲食代」といった商品の種類ごとの記載等ができる。 　軽減税率の対象にはその旨を記載する（適宜、記号等を用いることができる）。	
⑤　対価の額の合計額 　税抜き又は税込みで、税率ごとに合計する。	
⑥　適用税率 　10％の売上げにのみである場合も「10％」と記載する。	簡易インボイスでは、⑥適用税率又は⑦消費税額等のいず

第1章　総　論　　15

⑦　消費税額等 　消費税額及び地方消費税額の合計額による。 　１円未満は税率ごとに、切上げ、切捨て又は四捨五入によって、一のインボイスにつき１回の端数処理を行う。個々の商品ごとに端数処理を行うことは認められない。	れかの記載を省略することができる。
⑧　買手（書類の交付を受ける事業者）の氏名又は名称 　個人事業者の氏名、法人の商号のほか、屋号や略称などを記載することもできる。	簡易インボイスでは、⑧買手の氏名又は名称の記載を省略することができる。

3　課税仕入れに係る仕入税額控除の要件

　仕入税額控除の適用は、帳簿及び請求書等の保存が要件です。

　その保存がない課税仕入れ等については、原則として、災害その他やむを得ない事情がある場合を除き適用されません（消税30⑦）。

（1）　帳簿の記載事項

　帳簿とは、次の事項が記載されている帳簿です（消税30⑧）。

帳簿の記載事項
①　課税仕入れの相手方の氏名又は名称（登録番号は不要）
②　課税仕入れを行った年月日
③　課税仕入れに係る資産又は役務の内容（軽減税率の対象及び特定課税仕入れについてはその旨）
④　課税仕入れに係る支払対価の額

（2）　保存するべき請求書等

　保存するべき請求書等は、次に掲げる書類及びその記載事項に係る電子データです（消税30⑨・57の4①②⑤、インボイスＱ＆Ａ問84）。

16　　　　　　　第 1 章　総　論

保存するべき請求書等
①　課税資産の譲渡等を行うインボイス発行事業者が交付するインボイス又は簡易インボイス ②　インボイスの記載事項が記載された仕入明細書、仕入計算書その他これに類する書類（課税仕入れの相手方において課税資産の譲渡等に該当するもので、その記載事項につき相手方の確認を受けたものに限ります。） ③　次の取引について、媒介又は取次ぎに係る業務を行う者が作成する一定の書類 　・卸売市場において出荷者から委託を受けて卸売の業務として行われる生鮮食料品等の販売 　・農業協同組合、漁業協同組合又は森林組合等が生産者（組合員等）から委託を受けて行う農林水産物の販売（無条件委託方式かつ共同計算方式によるものに限ります。）

　このように、インボイス発行事業者が交付するインボイス等を保存する必要があるため、原則として、消費者、免税事業者及びインボイス発行事業者の登録をしない課税事業者からの仕入れは、たとえ課税取引に該当しても仕入税額控除の対象となりません。

4　インボイスの交付義務の免除と仕入税額控除の特例

　インボイスの授受が困難であると考えられる取引について、売手のインボイス交付義務を免除する特例及び買手のインボイスの保存を不要とする特例が設けられています。

取　引	売　手 インボイス	買　手 仕入税額控除
・3万円未満の公共交通機関による旅客の運送（公共交通機関特例） ・3万円未満の自動販売機による商品の	交付義務免除	インボイス不要

販売等（自動販売機特例） ・郵便切手類を対価とする郵便サービス（郵便切手特例）		
・出荷者が卸売市場に委託して行う生鮮食料品等の譲渡（卸売市場特例） ・生産者が農協等に委託して行う農林水産物の譲渡（農協特例）	交付義務免除	農協等が交付する書類を保存
・入場券等が使用の際に回収される入場料等（回収特例）	簡易インボイスを交付して回収	インボイス不要
・従業員等に支給する通常必要と認められる出張旅費・通勤手当等（出張旅費特例） ・古物商が行う登録事業者以外からの古物（棚卸資産）の購入（古物商特例） ・質屋が行う登録事業者以外からの質物（棚卸資産）の購入（質屋特例） ・宅地建物取引業者が行う登録事業者以外からの建物（棚卸資産）の購入（宅建業特例） ・登録事業者以外からの再生資源等（棚卸資産）の購入（再生資源特例）	登録事業者でない	

第4節　輸入の消費税

1　納税義務者

　貨物の輸入に係る消費税の納税義務者は、その貨物を保税地域から引き取る者です（消税5②）。国内取引の場合のように事業者に限定されず、事業者免税点制度も設けられていません。

2　課否判定

外国から輸入する貨物は、輸入された後に国内において消費されるため、消費税の課税の対象とされています。その貨物を保税地域から引き取る際に、税関において、関税とともに課税されます（消税4②）。

ただし、資産の譲渡等に準じた非課税が設けられ（消税6②・別表第2の2）、輸入品に対する内国消費税の徴収等に関する法律には免税となる貨物が定められています。

3　課税標準と仕入税額控除

輸入に係る消費税の課税標準は、輸入の際の引取価額（関税課税価格＋関税額＋個別消費税の額）とされています（消税28④）。

事業者が輸入する場合は、保税地域からの引取りに係る課税貨物につき課された又は課されるべき消費税額は、国内取引の消費税において、仕入税額控除の対象となります（消税30①）。

第 2 章

課否判定

20

第2章　課否判定　21

第1節　課税の対象

第1　対価を得て行う資産の譲渡及び貸付け並びに役務の提供の判断

〔1〕　所得税において対価補償金の取扱いを受ける移転補償金

事　例　この度、県が行う都市計画事業によって事業の用に供していた土地を収用されました。

　土地の収用に当たって土地上の店舗建物を移転する必要があり、建物移転補償金を受けましたが、実際には建物を移転することなく取り壊しました。

　この移転補償金は、所得税において対価補償金として取り扱われます。消費税においても、建物の対価補償金となり、課税資産の譲渡等の対価として課税されるのでしょうか。

　なお、補償金の内訳は、「公共事業用資産の買取り等の申出証明書」に、「建物等移転補償2億円（消費税等相当額18,181,818円)」と記載されています。

判断のポイント

　消費税の課税の対象となる補償金は、収用の目的となった資産の所有権その他の権利を取得する者から、原権利者の権利が収用によって消滅することの対価として支払われる対価補償金に限られ、その資産の移転に要する費用の補塡に充てるために支払われる補償金（移転補償金）は含まれません。

【参照】札幌地裁平成17年11月24日判決（税務訴訟資料255号－327（順号10208)、
　　　　TAINSコードZ255－10208)

22　　第2章　課否判定

解　説

1　制度の趣旨

（1）　土地収用制度

憲法は、「財産権は、これを侵してはならない。」（憲29①）として個人の財産権を保障する一方で、同条3項において、「私有財産は、正当な補償の下に、これを公共のために用ひることができる。」と規定し、公共事業を実施するために必要がある場合、正当な補償があることを条件として私有財産を収用できる旨を定めています。

公共事業を行う起業者は、土地の所有者やその土地についての借地権等の正当な権利を持つ者及びその土地上にある物件の権利者と話し合って用地買収をしますが、その権利者等の理解が必ずしも得られるわけではありません。そこで、公共の利益となる事業を実施するために必要と認められるときには、個々の権利者等の意思に反することになっても、その土地の利用を可能にするため、公共事業の遂行と私有財産の保護という2つの利益の調整をする土地収用制度が設けられています。

（2）　移転の補償

道路拡張のための土地の収用においては、収用の対象になるのは、原則としてその事業に必要な土地だけです。土地上に建物等が存在する場合は、その建物等を他へ移転させなければなりません。その場合に起業者は「移転料の補償」として移転補償金を支払います（収用77）。

ただし、物件を移転することが著しく困難であるとき、又は物件を移転することによって従来利用していた目的に供することが著しく困難となるときは、その所有者は、その物件の収用を請求することができるものとされています（収用78）。

第2章　課否判定　　23

2　所得税の取扱い

　土地収用法その他の法律で収用権が認められている公共事業のために資産を収用される場合には、次の補償金を受けることとなります。

---
① 　対価補償金：収用等された資産の対価となる補償金
② 　収益補償金：資産を収用等されることによって生ずる事業の減収や
　　　　　　　　　損失の補填に充てられるものとして交付される補償金
③ 　経費補償金：事業上の費用の補填に充てるものとして交付される補
　　　　　　　　　償金
④ 　移転補償金：資産の移転に要する費用の補填に充てるものとして交
　　　　　　　　　付される補償金
⑤ 　その他の補償金

　個人が、これらの補償金を受ける場合には、その補償金の額は、所得税において、各種所得の金額の計算上、原則として収入金額に算入されます。

　ただし、その収用された資産が棚卸資産その他これに準ずる資産でない場合には、対価補償金について、次の2つの特例があります。

（1）　収用等に伴い代替資産を取得した場合の課税の特例
　その収用に係る対価補償金により同種の資産に買い換えた場合において、その代替資産の取得が収用等のあった日から2年以内に行われるなど所定の要件を満たすときは、対価補償金等の額が代替資産の取得価額以下である場合にはその収用等による譲渡はなかったものとし、対価補償金等の額が代替資産の取得価額を超える場合にはその超える部分の金額を収入金額として譲渡所得の金額を計算することができる（租特33）。
（2）　収用交換等の場合の譲渡所得等の特別控除
　買取り等の申出があった日から6か月を経過した日までに譲渡するなど所定の要件を満たす場合には、上記（1）の特例を受ける場合を除き、最高5,000万円までの特別控除を適用して譲渡所得又は山林所得の金額の計算をすることができる（租特33の4）。

　（1）は課税の繰延べですが、（2）は後年の所得金額の計算に影響す

ることはありません。

　これらの特例は、対価補償金に限り適用されるものですが、収益補償金、経費補償金、移転補償金であっても、次の下線部分に示すとおり、対価補償金として上記（１）又は（２）の特例の対象となる場合があります（措通33－８・33－９・33－11・33－13～15・33－30）。

補償金の種類	課税上の取扱い
①　対価補償金	譲渡所得の金額又は山林所得の金額の計算上、上記（１）又は（２）の特例の適用がある。
②　収益補償金	その交付の基因となった事業の態様に応じ、不動産所得の金額、事業所得の金額又は雑所得の金額の計算上、総収入金額に算入する。 　ただし、建物の収用等を受けた場合で建物の対価補償金がその建物の再取得価額に満たないときは、その満たない部分を対価補償金として取り扱うことができる。
③　経費補償金	休廃業等により生ずる事業上の費用の補填に充てるものとして交付を受ける補償金は、その補償金の交付の基因となった事業の態様に応じ、不動産所得の金額、事業所得の金額又は雑所得の金額の計算上、総収入金額に算入する。 　収用等による譲渡の目的となった資産以外の資産（棚卸資産等を除く。）について実現した損失の補填に充てるものとして交付を受ける補償金は、山林所得の金額又は譲渡所得の金額の計算上、総収入金額に算入する。 　ただし、事業を廃止する場合等でその事業の機械装置等を他に転用できないときに交付を受ける経費補償金は、対価補償金として取り扱うことができる。

④　移転補償金	その交付の目的に従って支出した場合は、その支出した額については、総収入金額に算入しない（その費用に充てた金額のうち各種所得の金額の計算上必要経費に算入され又は譲渡に要した費用とされる部分の金額に相当する金額を除く。）。 　<u>ただし、建物等をひき（曳）家又は移築するための補償金を受けた場合で実際にはその建物等を取り壊したとき及び移設困難な機械装置の補償金を受けたときは、対価補償金として取り扱うことができる。</u> 　また、借家人補償金は、対価補償金とみなして取り扱う。
⑤　その他対価補償金の実質を有しない補償金	その実態に応じ、各種所得の金額の計算上、総収入金額に算入する。 　ただし、改葬料や精神的補償など所得税法上の非課税に当たるものは課税されない。

　なお、法人税においても同様に、収益補償金、経費補償金又は移転補償金を対価補償金として取り扱う通達があります（措通64(2)－1・64(2)－2・64(2)－5・64(2)－7〜9・64(2)－21）。

3　消費税の取扱い

（1）　対価補償金の範囲

　国内において事業者が行った資産の譲渡等は消費税の課税の対象となり（消税4①）、資産の譲渡等とは、事業として対価を得て行われる資産の譲渡及び貸付け並びに役務の提供をいうものとされています（消税2①八）。

　ここで、「資産の譲渡」とは、資産につきその同一性を保持しつつ他人に移転することをいい、単に資産が消滅したという場合はこれに含まれません（消基通5－2－1）。消費税法は、権利等の資産の譲渡によ

り付加価値が移転することをとらえて消費税の課税対象としているからです。

資産が土地収用法等に基づき収用される場合、その資産の所有権その他の権利は一旦消滅し、起業者（収用者）がその権利を原始取得するものとなります。したがって、収用は、その資産につきその同一性を保持しつつ他人に移転するものではないので、本来、「資産の譲渡」には当たりません。しかし、起業者がその権利を取得し、その資産をそのまま使用するという実態に着目すれば、実質的には資産の譲渡と変わらないことから、消費税法施行令2条2項は、「所有権その他の権利を収用され、かつ、当該権利を取得する者から当該権利の消滅に係る補償金を取得した場合には、対価を得て資産の譲渡を行ったものとする。」と定めています。

これは、消費税の課税対象の範囲を定める規定であって、租税法律主義における課税要件法定主義の観点から厳格な解釈によるべきです。したがって、消費税法施行令2条2項に規定する「補償金」とは、収用の目的となった資産の所有権その他の権利を取得する者から、原権利者の権利が収用によって消滅することの対価として支払われる補償金（対価補償金）に限られ、その資産の移転に要する費用の補填に充てるために支払われる補償金（移転補償金）はこれに含まれないこととなります。

（2）　所得税との違い

上記2に示すとおり、所得税においては、建物の移転補償金であっても、その建物を取り壊したときは、その補償金をその建物の対価補償金として取り扱うことができます。これは、建物を移転させて再度これを使用することが事実上困難な場合、被収用者は、収用等に伴い代替資産の取得を余儀なくされることから、解釈通達において、課税の特例の対象とすることを認めたものです。このような所得税の特例

第2章　課否判定　　27

に関する通達は、消費税の課税対象の範囲を画することについて影響を及ぼすものではありません。

（3）　証明書の記載

また、「公共事業用資産の買取り等の申出証明書」には、その内訳として消費税等の金額が明示されていますが、移転補償金は、建物を移転するのに要する費用の額の全てを補填するための補償金ですから、補償金の積算根拠として移転に係る費用について生じる消費税等の額が示されていると解するべきでしょう。「公共事業用資産の買取り等の申出証明書」に消費税等の金額が示されていても、それにより、移転補償金が資産の譲渡等の対価となるものではありません。

したがって、あなたは、土地の収用に対して支払われた対価補償金は非課税売上高に、建物の収用に対して支払われた対価補償金は課税売上高に計上して、納付すべき消費税額を計算することになります。

（4）　収用の請求が認められた場合

本来移転すべき建物であっても、土地収用法78条に規定する収用の請求が認められ、収用された場合には、起業者が収用の後にこれを利用することなく取り壊すものであっても、その補償金は、消費税法施行令2条2項に規定する「権利の消滅に係る補償金」に該当します。

〔2〕 第三者へのゴルフ会員権の譲渡

事 例 　法人Xは、預託金会員制ゴルフ会員権について、ゴルフクラブを経営する法人Aに対し、預託金の返還を請求し裁判で争っていましたが、法人Aから、預託金の返還を受けることに代えて、ゴルフ会員権取引業者である法人Bに対しゴルフ会員権を譲渡してその譲渡代金を受け取るという和解案が提示されました。これは、法人Aが直接預託金の返還を行えば、預託金の償還を求める会員が殺到することが想定され、そのような事態を避けるための提案と思われます。

　そこで、法人Xは、預託金の返還という取引形態にこだわる必要もないと考え、法人Aの和解案を受諾し、法人Bと譲渡契約を締結して譲渡代金を受け取りました。その後、この会員権は、法人Bから法人Aに譲渡されています。

　法人Xが受領した金員は、形式上は譲渡の対価となっていますが、実質的には預託金の返還ですから、課税資産の譲渡等の対価には該当しない、と判断してよろしいですか。

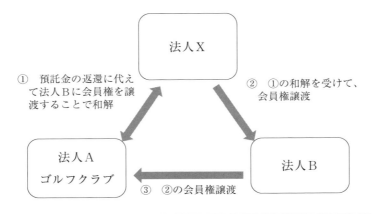

第2章　課否判定　29

$$\boxed{\text{判断のポイント}}$$

　法人Ｘと法人Ｂとの間でゴルフ会員権を売買することによっ
て、紛争を終了させることで合意しています。当事者によって売
買契約が選択された場合は、消費税の課税関係もこれに則して判
断することになります。

　ただし、社会通念上、到底その合理性を是認できないと客観的
に判断される場合には、別の検討が必要です。

【参照】名古屋高裁平成18年1月25日判決（税務訴訟資料256号－22（順号10282））

解　説

1　課税の対象

　国内において事業者が行った資産の譲渡等は消費税の課税の対象と
なり（消税4①）、資産の譲渡等とは、事業として対価を得て行われる資
産の譲渡及び貸付け並びに役務の提供をいうものとされています（消
税2①八）。

　ここでいう「資産」とは、取引の客体となり得る経済的価値を有す
るもの一切を指し、有体物に限られず、無形の財産権を含みます。ま
た、「譲渡」とは、資産につきその同一性を保持しつつ、他人に移転さ
せることをいい（消基通5－2－1）、その典型例は売買による所有権の
移転です。

　預託金会員制ゴルフ会員権の法的性質は、ゴルフ場施設の優先的利
用権、預託金返還請求権及び会費納入の義務等が一体となった契約上
の地位と解され、法人が対価を得てこれを譲渡した場合には、課税の
対象となります。

2 当事者が選択した法形式に則した事実認定

　一定の経済的目的を達成しようとする場合、私法上は複数の手段、形式が考えられることがあります。そのうちどのような法的手段、法的形式を用いるかについては、私的自治の原則ないし契約自由の原則によって選択の自由が認められ、その判断によって特定の法的手段、法的形式を選択した以上、課税要件が充足されるか否かの判断も、その手段、形式に則して行われるべきです。

　もっとも、ある法的・経済的目的を達成するための法的形式としては著しく迂遠複雑なものであって、社会通念上、到底その合理性を是認できないと客観的に判断される場合には、その有効性が問題となり得ますが、その場合であってもその法律行為が無効とされるのは、租税法にその旨の規定がある場合や、相手方との通謀虚偽表示等と認められる場合に限られるべきでしょう。そして、その成否については、その法律行為を行った当事者の目的、それに至る経緯、これによって享受することとなった効果などを総合して、判断されることになります。

3 預託金の返還に代えてゴルフ会員権を譲渡した場合

　法人Xが行ったゴルフ会員権の譲渡は、預託金の返還を求めた訴訟の係属中に、被告である法人Aから提案された和解案に起因するものです。法人Aから直接預託金の返還を受けず、法人Bとの売買契約の形式を取ることにした背景には、預託金の返還という形式を取ると、他の会員からの預託金返還請求が殺到し、ゴルフクラブの経営が危機に瀬しかねないという法人Aの判断があったとのことですが、他方で、法人Xにおいても、投下資本をできる限り多く回収したいとの意図があり、そのためには、法形式としては預託金返還にこだわらず、第三者への譲渡であっても構わないとの判断がありました。また、法人B

第2章　課否判定　　31

も、法人Aとの関係で、法人Xとの取引が売買であることを前提とした事後措置を講じています。

　そうすると、法人X、法人A及び法人Bのそれぞれにおいて、売買契約という表示行為に対応した内心的効果意思が存在したということになると思われます。法人Xと法人Bとの間でゴルフ会員権を売買することによって、紛争を終了させることで当事者は合意しており、すなわち、当事者によって売買契約が選択されたのであり、消費税の課税関係もこれに則して判断することになります。

　したがって、法人Xが行ったゴルフ会員権の譲渡は、消費税の課税の対象となる資産の譲渡等に該当し、受領した金員は、資産の譲渡等の対価に該当します。

〔3〕 使用料収入を横領された会議室の貸付け

事 例　法人Xは、会議室を時間貸ししてその使用料を受ける事業を行っています。規約では、予約の際に使用料の10％を予約金として収受し、使用後に精算して残金を収受することとなっていて、その支払方法は、クレジットカード等による決済に限っており、現金による支払はできないこととしています。

ところが、この会議室を管理する使用人Aが、過去3年間にわたって、一定の顧客について現金支払をさせ、横領していたことが発覚しました。法人Xは、警察に被害届を提出し、横領した金員の返還を求める訴えを起こしています。

消費税の課税関係はどうなるのでしょうか。

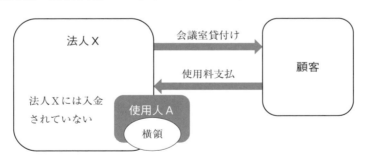

判断のポイント

法人Xは、使用人Aに横領されたという事実にかかわらず、顧客に対する会議室の貸付けにつき、貸し付けた日において、課税資産の譲渡等を認識することになります。

第2章　課否判定　　33

解　説

1　課税の対象

　国内において事業者が行った資産の譲渡等は、消費税の課税の対象となります（消税4①）。「資産の譲渡等」とは、事業として対価を得て行われる資産の譲渡及び貸付け並びに役務の提供をいいます（消税2①八）。

　これらの規定から、国内取引に係る消費税の課税の対象は、次の4つの要件を満たすものであるということができます。

① 　国内において行ったものであること
② 　事業として行ったものであること
③ 　対価を得ていること
④ 　資産の譲渡及び貸付け並びに役務の提供であること

2　資産の譲渡等の時期

　国税通則法15条2項7号は、消費税について、課税資産の譲渡等をした時に納税義務が成立すると定めています。課税資産の譲渡等をした時がいつであるかについて、実体法上直接の定めはありませんが、資産の譲渡等とは、「事業として対価を得て行われる資産の譲渡及び貸付け並びに役務の提供」（消税2①八）をいい、国内取引に係る消費税の課税標準は、「課税資産の譲渡等の対価の額」すなわち「対価として収受し、又は収受すべき一切の金銭又は金銭以外の物若しくは権利その他経済的な利益の額」（消税28①）とされています。

　そうすると、資産の譲渡等は、取引の相手方に対する財やサービスの提供と、それに伴う対価を収受すべき権利が確定したと法的に評価される時に認識することになります。いわゆる権利確定主義です。

　実務上は、消費税法基本通達第9章「資産の譲渡等の時期」に示された基準に従い、取引の態様に応じた判断を行っています。

　そして、消費税法基本通達9－1－20は、「資産の賃貸借契約に基づ

いて支払を受ける使用料等の額（前受けに係る額を除く。）を対価とする資産の譲渡等の時期は、当該契約又は慣習によりその支払を受けるべき日とする。」としています。

3　横領された金員の課税関係

　法人Ｘは、自らの事業として会議室の貸付けを行い、顧客はその使用料を法人Ｘに対して支払っています。この一連の取引は、上記１①～④の全ての要件を満たし、非課税にも該当しないことから法人Ｘが行う課税資産の譲渡等に該当します。

　法人Ｘは、使用人Ａに、顧客から収受した会議室の貸付けに係る使用料を３年間にわたって横領され、いまだ入金されない状況です。しかし、これらはいずれも、消費税法上、法人が行う取引について、課税の対象となるかどうかの判断を行う基準にはなりません。

　したがって、法人Ｘは、使用人Ａに横領されたという事実にかかわらず、また、その横領された金員が返還されるか否かにかかわらず、顧客に対する会議室の貸付けにつき、貸し付けた日において、課税資産の譲渡等を認識することになります。

　なお、使用人Ａから受ける金員の返還は、使用人Ａが不当に管理下に置いていた法人Ｘの金員を法人Ｘに返還するものであり、その返還につき消費税の課税関係は生じません。

4　返還を免除した場合

　消費税法39条は、課税資産の譲渡等の相手方に対する売掛金等につき更生計画認可の決定により債権の切捨てがあったこと等の事実が生じたため、その課税資産の譲渡等の税込価額の全部又は一部の領収をすることができなくなったときは、その領収をすることができないこととなった日の属する課税期間において、貸倒れに係る消費税額の控除をする旨を定めています。消費税は、有償取引に限り課税することとしていますが、一旦課税売上げに計上したものにつき、その対価の

額を領収することができないこととなった場合には、結果的に、「対価を得て」という課税の対象となる要件に欠けることとなるため、その領収することができないこととなった部分に係る消費税額を控除して、売上げに係る消費税額の修正を行うものです。

法人Xが横領された使用料について、貸倒れに係る消費税額の控除の適用を受けることができるかどうかを検討してみましょう。

会議室を使用した顧客は、法人Xに対して、既に使用料を支払っていますから、法人Xが、使用人Aの資力その他の状況から、横領された金員の返還を断念した場合であっても、それは、「その課税資産の譲渡等の税込価額の全部又は一部の領収をすることができなくなった」場合に該当するものではありません。したがって、貸倒れに係る消費税額の控除の適用を受けることはできません。

5 横領された金員の源泉徴収

社会福祉法人の理事長が法人の金員を横領した場合の法人の源泉徴収義務の存否を争った事件において、大阪高裁平成15年8月27日判決（税務訴訟資料253号（順号9416））は、法人に対し実質的に全面的な支配権を有していた理事長の行為は、その法人の意思に基づくものであるとして、横領した金員を賞与と認めて行われた納税告知処分は適法であると判断しています。

この判決に照らせば、法人Xの経営や支配について権限のない使用人Aが行った横領は、法人Xの意思に基づく行為であるとは認められず、横領があったことをもって直ちに法人Xに源泉徴収の義務が生じるものではないと考えられます。

ただし、法人Xが使用人Aに対し、横領した金員の返還を免除したような場合には、源泉徴収の義務について、改めて検討する必要があります。

〔4〕 保証債務を履行するために行った土地建物の譲渡

事 例　私は、法人Aの取締役であり、法人Aの金融機関からの借入れについて連帯保証人となっていました。法人Aが倒産したことにより保証債務の履行を求められ、やむなく自宅と賃貸の用に供していた店舗ビルを売却しました。

所得税においては、譲渡所得の特例の適用があり課税されないと確認しましたが、消費税はどうなるのでしょうか。

判断のポイント

他の者の債務の保証を履行するために行う資産の譲渡であっても、国内において事業者が行った資産の譲渡等は消費税の課税の対象となります。

解 説

1 課税の対象

国内において事業者が行った資産の譲渡等は消費税の課税の対象となり（消税4①）、資産の譲渡等とは、事業として対価を得て行われる資産の譲渡及び貸付け並びに役務の提供をいうものとされています（消税2①八）。

資産の譲渡等に該当するかどうかは、その原因を問わず、他の者の債務の保証を履行するために行う資産の譲渡又は強制換価手続により換価された場合の資産の譲渡であっても、そのことによって課税の対象から除かれるものではありません（消基通5－2－2）。

2 保証債務を履行するため資産の譲渡の課税関係

あなたは、自宅と賃貸の用に供している店舗ビルとを売却しました。自宅は事業用の資産ではないので、その売却は課税の対象となりません。しかし、店舗ビルは事業用資産ですから、たとえ保証債務を履行するための譲渡であっても課税の対象となり、建物の売却は課税資産の譲渡等に該当し、土地の売却は非課税資産の譲渡等に該当します。

所得税においては、保証債務を履行するため資産の譲渡を行った場合において、その履行に伴う求償権の全部又は一部を行使することができないこととなったときは、その行使することができないこととなった金額を譲渡の対価の貸倒れの金額とみなして、譲渡所得の金額の計算上、なかったものとすることとされています（所税64②）。しかし、消費税法には、この取扱いに見合う規定はありません。

3 貸倒れに係る税額控除の適用の課否

ところで、消費税法39条は、課税資産の譲渡等の相手方に対する売掛金等につき更生計画認可の決定により債権の切捨てがあったこと等の事実が生じたため、その課税資産の譲渡等の税込価額の全部又は一部の領収をすることができなくなったときは、その領収をすることができないこととなった日の属する課税期間において、貸倒れに係る消費税額の控除をする旨を定めています。消費税は、有償取引に限り課税することとしていますが、一旦課税売上げに計上したものにつき、その対価の額を領収することができないこととなった場合には、結果的に、「対価を得て」という課税の対象となる要件に欠けるため、その領収することができないこととなった部分に係る消費税額を控除して、売上げに係る消費税額の修正を行うものです。

あなたは、店舗ビルの売却に際してその対価を受領しています。その上で、これを法人Aの債務の弁済に充て、その不利益を法人Aから償還請求する権利、求償権が行使不能となったものですから、貸金の貸倒れと同じ位置付けとなり、貸倒れに係る消費税額の控除の適用を受けることはできません。

第2章　課否判定　　39

〔5〕　交通事故の損害金

事　例　　法人Ｘは、所有する運送用車両が交通事故にあい、この車両を廃車しました。加害者及び加害者が加入する自動車保険会社との話合いの結果、車両の損害及びレッカー代170万円、休車の損害40万円、合計210万円の損害賠償金を受け取りました。消費税は課税されるのでしょうか。

判断のポイント

いずれも資産の譲渡等の対価に該当せず、消費税は課税されません。

【参照】平成11年3月25日裁決（TAINSコードＡ0－5－069）

解　説

消費税法4条1項は、国内において事業者が事業として対価を得て行った資産の譲渡等には、消費税を課する旨規定しています。

ここにいう「資産の譲渡」とは、資産につきその同一性を保持しつつ、他人に移転させることで、課税資産の譲渡等に対し反対給付を受けることをいいます（消基通5－2－1）。

したがって、損害賠償金のうち、心身又は資産につき加えられた損害の発生に伴い受けるものは、資産の譲渡等の対価に該当しません。ただし、その実質が資産の譲渡等の対価に該当すると認められるものは資産の譲渡等の対価に該当することになります（消基通5－2－5）。

法人Ｘは、事故にあった車両を廃車しており、その実質が資産の譲

渡等の対価に該当すると認められるものではありません。交通事故の損害の賠償として受け取った損害金は、法人Xの事業用資産に加えられた損害の発生に伴い、その損害を補填するものとして受け取ったものですから、資産の譲渡等の対価に該当せず、消費税は課税されません。

第2章　課否判定　　41

〔6〕　商品を引き取らせた場合の損害賠償金

| 事　例 | 法人Xは、貨物の保管、流通加工、入出荷配送、在庫管理等の総合的なロジスティック事業を行う会 |

社です。

　缶詰食品の製造販売を行うA社（以下「荷主A社」といいます。）との契約では、荷主A社から缶詰を預かり、これを倉庫で管理、保管するほか、荷主A社の指示に従い、自社の作業場での贈答用の箱詰めを行います。また、荷主A社の各販売店への配送等を行っていますが、その配送は、B社に外注しています。

　先日、荷主A社の販売店への配送中に、B社のトラックが事故を起こしました。検品作業を行ってみると、食品として使用することに問題はありませんが、パッケージに破損があり、通常の販売はできないため、荷主A社との契約に従い、販売価格の70％相当額の弁償金を支払いました。

　法人Xは、これらの商品をB社に引き取らせた上で、荷主A社に支払った金額と、別途、検品作業に要した費用相当額を合わせて損害賠償金としてB社に請求することとしました。B社は、これを了承し、引き取った缶詰は安価で社内販売する等、福利厚生に利用しています。

　法人Xが荷主A社に支払った損害賠償金及びB社から受け取る損害賠償金の消費税の取扱いはどうなりますか。

判断のポイント

　損害を受けた商品が加害者に引き渡される場合の損害賠償金は、資産の譲渡等の対価となります。

解 説

1 損害賠償金の課税関係

　消費税法は、国内において事業者が事業として対価を得て行う資産の譲渡及び貸付け並びに役務の提供には、消費税を課する旨規定しています（消税2①八・4①）。

　ここにいう「資産の譲渡」とは、資産につきその同一性を保持しつつ、他人に移転させることであり（消基通5−2−1）、「対価を得て」とは、資産の譲渡及び貸付け並びに役務の提供に対して反対給付を受けることです（消基通5−1−2）。

　したがって、損害賠償金のうち、心身又は資産につき加えられた損害の発生に伴い受けるものは、損失補償や逸失利益の補填を目的としており、資産の譲渡等の対価に該当しません。ただし、例えば、次に掲げる損害賠償金のように、その実質が資産の譲渡等の対価に該当すると認められるものは資産の譲渡等の対価に該当することになります（消基通5−2−5）。

---

① 損害を受けた棚卸資産等が加害者（加害者に代わって損害賠償金を支払う者を含む。）に引き渡される場合で、当該棚卸資産等がそのまま又は軽微な修理を加えることにより使用できるときに当該加害者から当該棚卸資産等を所有する者が収受する損害賠償金
② 無体財産権の侵害を受けた場合に加害者から当該無体財産権の権利者が収受する損害賠償金
③ 不動産等の明渡しの遅滞により加害者から賃貸人が収受する損害賠償金

　また、消費税法30条1項は、事業者が国内において課税仕入れを行った場合には、その課税仕入れを行った日の属する課税期間の課税標準額に対する消費税額から、その課税期間中に国内において行った課税仕入れに係る消費税額を控除する旨を規定しています。ここにい

第2章　課否判定　　43

う、「課税仕入れ」とは、事業者が、事業として他の者から資産を譲り受け、若しくは借り受け、又は役務の提供を受けることであり、当該他の者が事業として当該資産を譲り渡し、若しくは貸し付け、又は当該役務の提供をしたとした場合に課税資産の譲渡等に該当することとなるものに限るものとしており、役務の提供からは、所得税法28条1項に規定する給与等を対価とする役務の提供が除かれ、課税資産の譲渡等のうち、輸出免税の取扱いを受けるものが除かれます（消税2①十二）。

　したがって、事業者が損害賠償金を支払った場合には、その損害賠償金の支払は、原則として課税仕入れに該当しません。

　ただし、受領する者において資産の譲渡等の対価に該当すると認められる損害賠償金は、その支払をする者において、課税仕入れに係る支払対価の額に該当することになります。

2　法人XがB社から受け取る損害賠償金

　法人XがB社から受ける損害賠償金は、次の2つに区分して検討する必要があります。

　1つは、商品を引き取らせ、法人Xが荷主A社に支払った商品の弁償金と同額を請求した部分です。事故によって傷ついた商品を引き取らせた場合、その商品が使用に耐えないものである場合には、事故処理の一環として廃棄物を引き取らせるものであり、消費税の課税の対象にはなりません。

　しかし、B社に引き渡した缶詰は、パッケージが破損したため通常の販売ができないと判断されたものの、食品として使用することに問題はなく、現にこれを引き取ったB社においては、安価で社内販売する等、福利厚生に利用しています。したがって、消費税法基本通達5－2－5に示された「損害を受けた棚卸資産等が加害者に引き渡され

る場合で、当該棚卸資産等がそのまま又は軽微な修理を加えることにより使用できるとき」に該当し、法人Ｘにおいては、その損害賠償金を引き渡した商品の対価と認識して、その商品の課税売上げを計上することになります。

また、もう１つは、検品に要した費用の額として別途請求した部分です。Ｂ社へは、商品の弁償金とは別に、法人Ｘにおいて行った作業に係る費用相当額として請求しています。この検品作業は、法人ＸがＢ社との間で、事故の処理をどのように行うかを交渉するために必要であったことから行ったものであり、Ｂ社に対する役務の提供ではありません。したがって、この損害賠償金は、引き取らせた商品の対価ではなく、またＢ社に対する役務の提供の対価でもなく、Ｂ社が起こした事故に起因して法人Ｘに生じた損失を補填するものとして受領する損害賠償金ですから、消費税の課税の対象にはなりません。

3　法人Ｘが荷主Ａ社に支払う損害賠償金

法人Ｘが荷主である荷主Ａ社に支払った損害賠償金は、「そのまま又は軽微な修理を加えることにより使用できる」商品の引渡しとその対価の授受と整理することになり、荷主Ａ社においては資産の譲渡等の対価であり、したがって法人Ｘにおいては、その商品の課税仕入れについて支払った対価となります。

第2章　課否判定　　45

〔7〕　組合員に賦課した一般賦課金

事　例　　組合Xは、組合員店舗として利用する共同施設の設置及び運営等を行うことを目的とする中小企業等協同組合法3条1号に規定する事業協同組合です。

　組合員に課す一般賦課金は、均等割と面積割からなり、具体的な金額は、過年度の実績から算出した事業費と一般管理費の年間支出予算額を基礎に、均等割は各組合員において同額、面積割は各組合員の売場等面積を基準として各階によって売上げに影響があること等を考慮して、格差を設けて調整計算しています。

　この一般賦課金は、定款において「組合の維持管理に係る費用の分担金」と位置付けられているため、資産の譲渡等の対価に該当しないと判断してよろしいですか。

判断のポイント

　売場等面積に応じて計算される面積割に係る賦課金は、役務の提供との間に対価関係があると認められます。各組合員から公平に同額を徴収する均等割に係る賦課金は、組合の存立を図るための通常会費であり、役務の提供に係る対価には該当しません。

解　説

1　会費の取扱い

　同業者団体、組合等がその構成員から受ける会費、組合費等について、消費税法基本通達は次のように整理しています。

第2章　課否判定

（会費、組合費等）

5－5－3　同業者団体、組合等がその構成員から受ける会費、組合費
等については、当該同業者団体、組合等がその構成員に対して行う役
務の提供等との間に明白な対価関係があるかどうかによって資産の譲
渡等の対価であるかどうかを判定するのであるが、その判定が困難な
ものについて、継続して、同業者団体、組合等が資産の譲渡等の対価
に該当しないものとし、かつ、その会費等を支払う事業者側がその支
払を課税仕入れに該当しないこととしている場合には、これを認める。

（注）1　同業者団体、組合等がその団体としての通常の業務運営のた
めに経常的に要する費用をその構成員に分担させ、その団体の
存立を図るというようないわゆる通常会費については、資産の
譲渡等の対価に該当しないものとして取り扱って差し支えな
い。

2　名目が会費等とされている場合であっても、それが実質的に
出版物の購読料、映画・演劇等の入場料、職員研修の受講料又
は施設の利用料等と認められるときは、その会費等は、資産の
譲渡等の対価に該当する。

3　資産の譲渡等の対価に該当するかどうかの判定が困難な会
費、組合費等について、この通達を適用して資産の譲渡等の対
価に該当しないものとする場合には、同業者団体、組合等は、
その旨をその構成員に通知するものとする。

また、同業者団体等の構成員が共同事業に要した費用を賄うための
負担金、賦課金等についての整理は、次のとおりです。

（共同行事に係る負担金等）

5－5－7　同業者団体等の構成員が共同して行う宣伝、販売促進、会
議等（以下5－5－7において「共同行事」という。）に要した費用を
賄うために当該共同行事の主宰者がその参加者から収受する負担金、
賦課金等については、当該主宰者において資産の譲渡等の対価に該当
する。ただし、当該共同行事のために要した費用の全額について、そ
の共同行事への参加者ごとの負担割合が予め定められている場合にお

いて、当該共同行事の主宰者が収受した負担金、賦課金等について資産の譲渡等の対価とせず、その負担割合に応じて各参加者ごとにその共同行事を実施したものとして、当該負担金、賦課金等につき仮勘定として経理したときは、これを認める。

（注）　…略…

　これらの通達は、同業者団体等がその構成員から収受する会費、負担金等の対価性を判断するに当たり、その団体等の内部自治に考慮しつつ、団体等が構成員に対して行う役務の提供内容に着目して具体的な取扱いを明らかにしたものといえます。

2　組合Ｘの一般賦課金

　組合Ｘは、各組合員から、面積割と均等割とからなる一般賦課金を徴収しています。この一般賦課金の徴収が資産の譲渡等に該当するか否かを判断するに当たっては、その賦課金を構成する個々の内容が資産の譲渡等に該当するか否かを検討しなければなりません。

　一般賦課金の内容をなす年間支出予算額には、事業費と一般管理費があり、この中には、組合Ｘが建物を所有し、店舗として各組合員に利用させることに関連して生ずる費用、組合Ｘの通常の業務運営のために経常的に要する費用などが含まれています。これを各組合員の側からみると、各組合員が負担する一般賦課金の中には、各組合員が組合所有の建物の一部を店舗として利用することに伴う利用料や組合を維持管理するため組合員として拠出すべき負担金などが混在しているものということができます。

（1）　面積割による賦課金

　そして、一般賦課金のうち面積割による賦課金は、各組合員の売場等面積に応じて計算され、各階によって売上げに影響があること等を考慮して格差を設けて調整計算されており、各組合員が組合所有の建

物を店舗として利用するに当たっての対価としての性質を持つものと考えるべきでしょう。したがって、面積割に係る賦課金は、組合Xが各組合員に対して行う役務の提供との間に対価関係があると認められ、資産の譲渡等の対価に該当することになります。

（2）　均等割による賦課金

他方、均等割により計算された賦課金は、一般賦課金のうち建物の利用の対価としての部分を除外した部分であると解され、各組合員から公平に同額を徴収しているものであることなどからすると、組合の存立を図るための通常会費であり、役務の提供に係る対価には該当しないことになります。

また、仮にこの均等割に係る賦課金の中に消費税の課税対象となる資産の譲渡等に該当するものが一部含まれていたとしても、対価関係にあるものとそうでないものを明確に区分し、判定することは困難です。したがって、この部分については、消費税法基本通達5－5－3により、組合Xが継続して資産の譲渡等の対価に該当しないものとし、かつ、組合員も課税仕入れに該当しないとしている場合には、これが是認されることになります。

（3）　共同行事に要した費用の負担

ところで、一般賦課金のうち組合Xが共同行事に要した費用等に係る賦課金収入を仮勘定として経理していない場合には、その賦課金収入は消費税法基本通達5－5－7の定めにより、課税取引となると考える向きがあるかもしれません。しかし、仮に、均等割の賦課金の中に、共同行事に要した費用等に係る賦課金収入が含まれているとしても、対価関係にあるものとそうでないものを明確に区分し判定することは困難であり、消費税法基本通達5－5－3により、均等割の賦課金の全額が資産の譲渡等の対価に該当しないものと認められます。

第2章　課否判定　　49

〔8〕　弁護士会が受領する各種負担金

事　例　　弁護士会が受ける次の負担金は、いずれも課税資産の譲渡等の対価ではなく、消費税の課税対象外の収入と考えますが、よろしいですか。

1　受任事件負担金

弁護士会の法律相談センターでは、弁護士会員の名簿を設置し、相談者の申込みに基づいて弁護士会員を紹介しています。弁護士会員は、相談者等から着手金や報酬金等として支払を受けた金銭のうち10万円を超える部分について10％に相当する金額を受任事件負担金として弁護士会に対して支払います。

受任事件負担金は、弁護士会が弁護士に提供した役務の対価ではなく、弁護士会の財政基盤を強化するために定められた応能負担の会費であると考えます。

2　23条照会手数料

弁護士法23条の2第2項等により、弁護士会は、弁護士会員等からの申出に基づき、公務所又は公私の団体に照会して必要な事項の報告を求めることができる固有の権限を有しています。

弁護士会員等は、照会の申出の際に弁護士会に手数料（以下「23条照会手数料」といいます。）を納付すべきものとされ、照会書を発送した後は、公務所等から報告がない場合であっても返還されません。

弁護士法23条の2に定められた弁護士会の固有の事務は、事業として行うものではなく、この事務につき対価を収受することも定められていません。弁護士会は、財政基盤の観点から、この事務手続を利用する会員に対し、応能負担会費として手数料の負担を求めています。

3 協同組合事務委託金

弁護士協同組合は、各種事業の事務を弁護士会に委託しています。事務委託契約書において、事務委託金は、人件費相当分として年額450万円及びコピー機等のリース料として400万円が定められ、協同組合においては「事務委託費」として、弁護士会においては一般会計の収入の部の「事務委託金」として、それぞれ850万円が計上されています。

弁護士会の事務局職制規則3条2項は、弁護士会の事務局の職員に、協同組合に関する事務を担当させることができる旨を定めており、事務局の職員1名に対し、協同組合課の課長に任命する内容の辞令を発しています。この場合の労働遂行の指揮命令権は協同組合にあって、弁護士会にないため、この事務委託契約は、事務職員の出向契約であると考えます。

4 司法修習委託金

消費税法における「対価を得て行われる役務の提供」とは「双務契約」関係の意味であり、司法修習委託金については、その支払の有無及び金額について、弁護士会と司法研修所又は最高裁判所との間で合意されるものではなく、予算として一方から示達されるだけです。弁護士会による役務の提供は強制に基づくものであり、司法修習委託金との間に対価関係は成立しないと考えます。

また、司法修習委託金は消費税法基本通達5-2-15の「特定の政策目的の実現を図るための給付金」に当たり、対価性を欠いています。

第2章　課否判定　　51

$$\boxed{\text{判断のポイント}}$$

各種負担金について、対価関係の有無によって判断します。

【参照】東京地裁平成25年11月27日判決（税務訴訟資料263号－219（順号12343）、
　　　　TAINSコードZ263－12343）、東京高裁平成26年6月25日判決（税務訴訟
　　　　資料264号－112（順号12493）、TAINSコードZ264－12493）、最高裁平成
　　　　27年2月24日決定（税務訴訟資料265号－27（順号12610）、TAINSコー
　　　　ドZ265－12610）

解　説

1　受任事件負担金

　相談センターに設置された名簿は、弁護士会員が紹介を希望するこ
とを明らかにするものであり、名簿への登載がされた時点において、
弁護士会と弁護士会員との間では、弁護士会員が相談者から事件を受
任した場合には、一定の金銭を支払わなければならないものとされる
ことについて、相互の了解が存在していることは明らかです。

　弁護士会員における事件の受任は、法律相談センターにおける名簿
の作成等や法律相談等の実施といった業務の遂行によるものといえ、
弁護士会員が弁護士会に対して支払う受任事件負担金は、弁護士会が
設置し運営する法律相談センターによる役務の提供の対価といえるで
しょう。

　受任事件負担金を「応能負担による会費」であるとする考え方もあ
るようですが、消費税法4条1項は、国内における消費税の課税の対
象について、「事業者が行った資産の譲渡等」である旨を規定し、同法
2条1項8号は、「資産の譲渡等」とは、「事業として対価を得て行わ
れる資産の譲渡及び貸付け並びに役務の提供（代物弁済による資産の
譲渡その他対価を得て行われる資産の譲渡若しくは貸付け又は役務の
提供に類する行為として政令で定めるものを含む。）」である旨を規定

しています。

　事業者が収受する金銭等が対価に当たるか否かの判断に当たり、その収受が例えば社団であるその事業者におけるいわゆる内部規範により一定の条件の下にその構成員に課される義務の履行としてされたものであるか否かといった事情により、直ちにそれが否定されると解すべき根拠は見当たりません。

2　23条照会手数料

　照会の申出をした弁護士会員が支払う23条照会手数料は、弁護士会の固有の事務であり、事業として行うものではなかったとしても、照会の申出を受けた弁護士会がその権限に係る業務を遂行したことにより、その紹介を求めた弁護士会員から受ける手数料ですから、役務の提供の対価であると認められます。

3　協同組合事務委託金

　消費税法基本通達5－5－10は、「事業者の使用人が他の事業者に『出向』した場合において、その『出向』者に対する給与を『出向』元事業者が支給することとしているため、『出向』先事業者が自己の負担すべき給与に相当する『給与負担金』を『出向』元事業者に支出したときは、当該給与負担金の額は、当該『出向』先事業者における『出向』者に対する給与として取り扱う」としています。ここにいう出向とは、出向者が、出向元事業者との関係及び出向先事業者との関係において二重の雇用関係に基づき勤務する形態です。

　弁護士会と協同組合との間で取り交わされた事務委託契約書については、協同組合が各種事業の事務を弁護士会に委託すること、協同組合は弁護士会に対して「事務委託金（人件費相当分）」として年額450万円を支払うものとされていること、コピー機のリース料等の人件費とは異なる要素である400万円を支払うものとされていることを確認

第2章　課否判定　　　　　　　　　　　　　　　　　　　53

することができます。

　また、その損益計算書については、弁護士会では「事務委託金」としての収入が、協同組合では「事務委託費」としての費用がそれぞれ計上されています。

　さらに、弁護士会が事務局職員に発した辞令は協同組合課の課長に任命する内容であって、この辞令に協同組合への出向に関する記載はなく、会則等においても弁護士会の職員の協同組合への出向に関する定めはありません。

　そうすると、協同組合と出向社員の関係において雇用関係は存在せず、また、協同組合から弁護士会に対して事務委託契約書の定めに基づき支払われた協同組合事務委託金については、出向契約に係る給与負担金ではなく、弁護士会がその事務局の職員をもって当たらせた協同組合の事務の処理に係る役務の提供の対価として収受されたものと認めるべきでしょう。

4　司法修習委託金

　司法修習生の修習は、最高裁判所の定めた規則に基づく制度として、司法修習生の任免権を有する最高裁判所に設置された司法研修所の所長による修習の全期間を通じての司法修習生の統轄の下に行われるものであって、そのうち実務修習は、我が国における権力の分立の原則や弁護士会の自治に採る法制等を踏まえ、司法研修所長から地方裁判所、地方検察庁又は弁護士会に対する委託により行われるものであると認められます。

　そして、司法修習委託金は、司法修習生研修委託費との名称により、弁護士会において司法修習生の弁護実務修習の指導に要する経費に充てるためのものとして、司法研修所長から委託を受けた弁護士会において修習する司法修習生の人数に応じた予算が地方裁判所支出官宛て

に示達され、弁護士会の会長から地方裁判所の所長宛てに請求がされて支払われるという運用になっています。

　そうすると、司法研修所長の委託を受けて弁護士会が行う司法修習生の修習に関する役務の提供と、その委託の存在を前提に弁護士会の会長の請求に応じてされる司法修習委託金の支払との間の最高裁判所の規則の定める司法修習生の修習に関する制度及びその運用に基づく関係に照らすと、司法修習委託金は、消費税法28条1項本文の消費税の課税標準の基礎をなすものに当たると認められます。

　ご照会では、「対価を得て行われる役務の提供」とは「双務契約」関係の意味であり、司法修習委託金については、その支払の有無及び金額について、弁護士会を含む弁護士会と司法研修所又は国の機関である最高裁判所との間で合意されるものではなく、予算として一方から示達され、弁護士会による役務の提供は強制に基づくものであり、司法修習委託金との間に対価関係は成立しない旨を主張されています。

　しかし、消費税法2条1項8号は、その文言上、事業者が収受する金銭等が対価に当たるか否かの判断に当たり、契約又は合意に基づくものであることを要すると解することは困難です。

　また、司法修習委託金が消費税法基本通達5－2－15の「特定の政策目的の実現を図るための給付金」に当たるとのご主張ですが、司法修習委託金は弁護士会において弁護実務修習の指導に要する経費に充てるものとされており、それが収入の部に計上される弁護士会の司法修習委員会会計からはその会計年度のその会計の他の収入を超える金額が一般会計への繰出金として次年度への繰越金とは別に処理されていることからすると、消費税法基本通達5－2－15に規定する給付金であるとすることはできないでしょう。

第2章　課否判定　　55

〔9〕　役員退職金として車両を現物支給した場合

```
事　例
```
　　　法人が株主総会の決議により、退任した役員に対する退職金として、車両など金銭以外の資産を現物引渡しにより支給することを決定し、これを支給した場合、消費税の課税の対象となるのでしょうか。

```
判断のポイント
```

　国税庁は、退職金としての現物の引渡しは、金銭の支給に代えて行うものではないため、代物弁済に該当せず、課税の対象ではないという見解をとっています。

```
解　説
```

1　2つの見解

　これには、2つの見解があります。1つは、その現物の支給は、金銭の支給に代えて行うものではないので代物弁済に該当せず、また、退職給与として支給するものであるためみなし譲渡の対象となる贈与にも該当せず、したがって、消費税の課税の対象とならないという見解（以下「不課税説」といいます。）です。

　また、他の1つは、役員には退職金支給を請求する権利があり、株主総会の決議は、法人において抽象的に存在していた債務の額を具体的に確定させるものであって、その確定した債務の消滅を対価とする取引であるから、対価を得て行う資産の譲渡に該当し、消費税の課税の対象となるという見解です。

2 不課税説

　国税庁の「消費税審理事例検索システム（平成12年）国税庁消費税課」は、前者の不課税説をとっています（TAINS（日税連税法データーベース）に収録されています。）。その理由は、次のように考えられます。

　消費税の課税の対象となる資産の譲渡等とは、「事業として対価を得て行われる資産の譲渡及び貸付け並びに役務の提供」をいい、これには、代物弁済による資産の譲渡が含まれます（消税2①八）。

　「代物弁済による資産の譲渡」とは、債務者が債権者の承諾を得て、約定されていた弁済の手段に代えて他の給付をもって弁済する場合の資産の譲渡をいい、消費税法基本通達5－1－4は、例えば、いわゆる現物給与とされる現物による給付であっても、その現物の給付が給与の支払に代えて行われるものではなく、単に現物を給付することとする場合のその現物の給付は、代物弁済に該当しないものとしています。

　そうすると、退職給与として現物の支給を決定し、その決定どおりに実行する行為は、「約定されていた弁済の手段に代えて他の給付をもって弁済する」（現金で支払うべきことに代えて現物を支給する）ものではないので、代物弁済には該当しないことになります。

　また、法人が資産をその役員に対して贈与した場合のその贈与は、事業として対価を得て行われた資産の譲渡とみなされます（消税4⑤二）。退任した役員に対する退職給与の支給は、その役員の過去の職務執行に対する対価の後払いであると認められ、役員に対する資産の贈与ではありません。したがって、役員に対する退職給与としての現物の支給は、みなし譲渡に該当するものではないと考えられます。

　法人税においては、法人がその役員に資産を贈与した場合には、その贈与は、役員に対する経済的な利益の供与に当たり、その資産の時

第2章　課否判定　　57

価相当額を損金算入することができない給与の額と認定することになります（法税34④、法基通9－2－9（1））。

　不課税説によれば、法人において、消費税のみなし譲渡の規定が適用されるのは、この経済的な利益の供与として法人税法上損金不算入となる贈与であるということになります。

　したがって、退職給与としての現物の支給は、役員に対する贈与ではなく、みなし譲渡に該当しないと判断することになります。

〔10〕 自己発行ポイント

事 例　　法人Xは、顧客に対して自己発行のポイントサービスを行っています。

顧客の100円（税込）の購入につき10ポイントを付与します。ポイント使用部分については、ポイントは付与されません。顧客は、付与されるポイントを次回以降の商品購入の際に値引きとして使用することができます。

この自己発行ポイントの課税関係はどうなりますか。

判断のポイント

ポイントの付与については、消費税の課税関係は生じません。

ポイントの使用は、商品の値下げ販売とする値引処理と、課税売上げと課税対象外の費用の両方を計上する両建処理があります。

解 説

1　ポイントの付与

消費税の課税標準は「課税資産の譲渡等の対価の額」であり、「課税資産の譲渡等の対価の額」とは、「対価として収受し、又は収受すべき一切の金銭又は金銭以外の物若しくは権利その他経済的な利益の額」です（消税4①）。

「収受すべき」とは、別に定めるものを除き、「その譲渡等に係る当事者間で授受することとした対価の額をいう」（消基通10−1−1）ものとされています。

したがって、次回以後に使用することができるポイント、つまりい

第2章　課否判定　　　　59

まだその権利の行使をしないポイントの付与については、消費税の課税関係は生じません。商品の販売について、ポイントを付与したか否かにかかわらず、その商品の販売について受け取る対価の額を資産の譲渡等の対価の額として売上高に計上します。

2　ポイントの使用

ポイントの使用については、次の2つの考え方があります。

顧客においていずれに該当するのか判断することができるように、商品購入時に発行するレシート等に表示しておきましょう。

（1）　商品代金の値下げとする場合（値引処理）

自己発行ポイントの使用による代金の値引きを、商品の値下げ販売であるとする場合は、商品対価の合計額からポイント使用相当分の金額を差し引いた金額（値下げ後の金額）がその商品の課税売上高となります。

また、ポイントの使用前の対価の額について一旦売上げが実現し、ポイント値引き部分を対価の返還等とすることもできます。

（2）　商品代金の値引きとしない場合（両建処理）

ポイント使用を売上げの値引きとせず、課税対象外の精算とすることもできます。この場合は、商品対価の全額を課税売上高とした上で課税対象外の費用を計上することになります。

3　即時使用をした場合

ご質問の場合、「顧客は、付与されるポイントを次回以降の商品購入の際に値引きとして使用することができる」ということですが、仮に、その場でキャッシュバックする場合や、そのポイントを付与と同時に使用する場合であっても、課否判定は、上記2と同じになります。

〔11〕 共通ポイント

事例　当社は、X社が運営する共通ポイントのプログラムに加入しています。X社が運営する共通ポイントプログラムの運営方法は、おおむね次のとおりです。

① 加盟店Aの商品販売につき、運営会社X社は会員に対してポイントを付与し、加盟店Aはポイント相当額を運営会社X社に支払う。
② 会員がポイントを使用した加盟店Bの商品販売につき、運営会社X社は加盟店Bに対して使用されたポイント相当額を支払う。

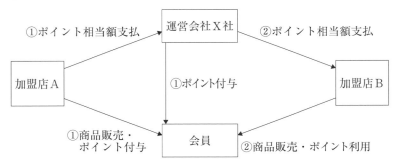

共通ポイントを付与した場合及び共通ポイントの使用で値引き販売した場合の課税関係を説明してください。

判断のポイント

　国税庁は、原則として、加盟店Aが負担するポイント費用は課税対象外であるとしています。
　また、運営会社X社によるポイント相当額の支払は、加盟店Bにおいて未収入金の回収となります。

第2章 課否判定　　61

解　説

1　ポイントの付与

　加盟店Aが行う商品販売について、会員にポイントを付与するのは運営会社X社です。加盟店Aは、そのポイントの付与にかかわらず、その商品の販売について受け取る対価の額を資産の譲渡等の対価の額として売上高に計上します。

2　ポイントの付与に係るポイント費用

　国税庁は、「共通ポイント制度を使用する事業者（加盟店A）及びポイント会員の一般的な処理例」（以下「国税庁処理例」といいます。）を公表しています。国税庁処理例は、加盟店Aがポイント運営会社に支払うポイント相当額の支払（ポイント費用）について、「不課税」であると示した上で、「対価性がないこと（消費税不課税）を前提とした処理としている。ポイント制度の規約等の内容によっては、消費税の課税取引に該当するケースも考えられる」と注記しています。

　国税庁処理例は、加盟店Aからポイント運営会社X社に対するポイント相当額の支払について、原則として消費税が課税されないことを表明していると解されるでしょう。

　また、公正取引委員会の令和2年6月付け「共通ポイントサービスに関する取引実態調査報告書」においても、ポイントを付与した加盟店がそのポイントが使用されたときの精算費用として共通ポイントサービス運営事業者に対して支払う金銭を「ポイント原資」といい、ポイント原資については、基本的にポイント精算に充てられるものであり、運営事業者の収益とはならないとしています。

　X社が加盟店Aから受領するポイント費用は、将来、加盟店Aや他の加盟店においてポイントが使用された場合に備えて、その原資とし

て拠出するものと整理されているなど、X社が加盟店Aに対して何らかの役務の提供を予定して支払われるものではない場合には、X社が加盟店Aから受領する金員は消費税の課税対象とはなりません。

3 ポイントの使用と決済

国税庁処理例は、加盟店Bが行う商品の販売について会員がポイントを使用し、運営会社X社が加盟店Bに対して使用されたポイント相当額を支払う取引について、次のような考え方を示しています。

（1） 加盟店Bの売上げ

加盟店Bにおいては、ポイント使用前の対価の額が課税売上げとなり、運営会社X社からの会員が使用したポイント相当額の受領は、課税売上げに係る未収入金の回収となります。

加盟店B

現金等	110	課税売上げ	220
未収入金	110		

（2） 会員における「課税仕入れに係る支払対価の額」

会員は、商品の購入（課税仕入れ）について仕入税額控除を行うこととなりますが、商品購入時にポイントを使用した場合、国税庁処理例は、ポイント使用前の対価の額を課税仕入れ、ポイント使用の利益を課税対象外（不課税）の収入としています。

会員

課税仕入れ	220	現金等	110
		雑収入（不課税）	110

ただし、共通ポイントを使用した場合は、そのポイントの使用額に相当する金額については、会員に支払義務が発生しないので、会員に

第2章　課否判定　　63

おいては課税仕入れの「値引き」であるという考え方もあります。

　実務においては、商品購入時に発行されるレシート（簡易インボイス）の記載によることになります。

　簡易インボイスには、ポイント使用の態様に応じて「課税仕入れに係る支払対価の額」が表示されているので、商品を購入した事業者においては、簡易インボイスの表記から「課税仕入れに係る支払対価の額」を判断することになります。

〔12〕 ポイント交換サービス

事 例　　共通ポイントサービスであるＦポイントを運営する法人Ｘは、法人Ｙと提携し、Ｆポイント及び法人Ｙが運営するポイントサービスの双方の会員となっている者に、両者のポイントを交換して利用できるサービスを提供しています。

　法人Ｙが付与するポイント（以下「提携ポイント」といいます。）をＦポイントに交換する場合には、その後のサービスを法人Ｘが行うこととなるので、法人Ｙから、Ｆポイント還元額相当額の支払を受けています。ポイントが失効した場合、失効ポイントに相当する部分については、法人Ｘにポイント還元の負担は発生しませんが、法人Ｙに対して返還する必要はなく、法人Ｘの収益となります。

　ただし、法人Ｙから交換手数料の支払は受けません。交換サービスにより、Ｆポイントの取得手段が拡充し、ポイントプログラムの利便性や魅力が高まり、顧客を誘引し囲い込むという販売促進効果が得られるからです。

　この法人Ｘと法人Ｙが行うポイントの交換は、消費税の課税対象となりますか。

判断のポイント

　Ｆポイント還元額相当額の支払は、Ｆポイント還元のための原資を提供する行為であり、消費税の課税の対象ではありません。

【参照】大阪高裁令和３年９月29日判決（税務訴訟資料271号－107（順号13609）、
　　　　ＴＡＩＮＳコードＪ271－13609）

第2章　課否判定　　65

解　説

1　ポイントの位置付け

　一般に、企業ポイントは、企業が顧客の囲い込みや販売促進等のために販売促進費や広告宣伝費を負担して発行し、利用者から対価を受け取ることなく無償で利用者に付与するものとされ、その法的性質については、ポイント発行企業とポイントの付与を受ける利用者との間の合意内容（企業ポイントプログラム）によって定まるものですが、一定の条件の下でそのポイントを利用して財・サービスの提供等の経済的利益を受けることができるものとされている点において、一定の財産的価値を有するものと考えられます。

　企業ポイントの交換は、利用者が、交換元企業の企業ポイントを利用して、交換先企業の企業ポイントを得るものです。交換元企業、交換先企業の双方が各自の企業ポイントの利便性を向上させ、販売促進等を図ることを目的として行われています。

2　ポイント還元の原資の提供

　企業ポイントはこれを発行する企業によって無償で利用者に付与され、ポイントプログラムの範囲内で利用者に対してサービスの提供等が行われるものであり、法人Yが双方会員に付与した提携ポイントがFポイントに交換された場合、Fポイント還元に係る経済的負担は法人Xではなく法人Yが負わなければならないはずです。

　そこで、法人Yは、法人Xに対して、Fポイントの還元額に応じた支払をしており、その額は、法人Xにおいて生じるFポイント還元額に等しくなるように定められています。

　そうすると、その支払は、ポイント交換に係る提携ポイントを発行した者としてその利用に係る経済的負担を負うべき立場にある法人Yが、Fポイント還元のための原資を提供する行為にほかなりませんから、提携契約に基づくポイント交換は、無償取引というべきでしょう。

双方会員を法人Xのポイントプログラムの対象に組み込むという役務は、無償で提供されています。法人Xは、ポイント取得手段が拡充し、Fポイントプログラムの利便性や魅力が高まることにより、顧客を誘引し囲い込むという販売促進効果が得られるので、法人Xにおいてはこのような無償取引を行う経済的合理性があります。

また、法人Yにおいても、法人Xとの間でポイント交換を行うことができるものとすることで、自らのポイントプログラムの特典が増え、自らのポイント会員に対するサービスが拡充し、ポイントプログラムの魅力が高まることによって、自らの顧客を更に獲得していくとともに、Fポイント会員を自らの顧客として誘引し、囲い込むという販売促進効果を得ることができます。ただし、支払った金員は、Fポイント還元に必要な原資の額に見合うものであり、販売促進効果を得ることをもって、役務の提供の反対給付としての性質を根拠付けることはできず、また、提携契約に基づく法人Yと法人Xとの間のポイント交換に係る取引の有償性を根拠付けることもできないと考えられます。

3　失効ポイント部分が法人Xの収益となる点

法人Yと法人Xとの間のポイント交換は、Fポイント還元を目的として、双方会員の意思表示により又は自動的に行われるものであり、ポイント交換後にFポイント還元がされることが前提とされています。

失効ポイントが発生した場合には、これに相当する部分について、法人Yへの返還はなく、法人Xの収益となりますが、返還がされないのは、ポイント交換後のFポイントの失効は提携契約において不正規な事態として位置付けられ、交換時の支払額にも織り込まれていないものと合理的に推認されます。

交換後のFポイントの失効が半ば不可避的に生じ、失効ポイントに相当する部分が法人Xの収益となっているとしても、これをもってFポイント還元に係る原資としての性格が左右されるものではないというべきでしょう。

第2章 課否判定 67

〔13〕 ジョイントベンチャー内部取引

事 例　法人Xを含む同業の6社は、それぞれが出資（法人Xの出資の割合は10%）し、駅前開発工事を請け負う事業を共同して営むことを協定して駅前開発ジョイントベンチャー（以下「Y共同企業体」といいます。）を結成し、注文者との間で工事請負契約を締結しました。

共同企業体においては、構成員全員による運営委員会が設けられ、構成員は駅前開発工事の請負契約の履行について連帯して責任を負います。

法人Xは、Y共同企業体が行う工事に技術者を派遣し1億円の報酬を請求しています。これは組合の内部取引となり、消費税は課税されないと考えていますがよろしいですか。

判断のポイント

組合員が協同組合に対して行った対価の請求は、他の構成員に対しそれぞれの出資割合に応じて請求するものとなります。

【参照】平成18年2月15日裁決（TAINSコードF0－5－089）

解 説

1 共同企業体の法的性格

事業を行うために複数の者によって結成された法人格のない組織は、おおむね、権利能力なき社団又は財団（以下「人格のない社団等」といいます。）、商法535条≪匿名組合契約≫に規定される匿名組合、民法667条≪組合契約≫その他の法律に規定される任意の組合（以下「任

意組合等」といいます。）の３つに分類することができます。

（１）　人格のない社団等

人格のない社団等とは、法人でない社団又は財団で代表者又は管理人の定めがあるものをいい（消税２①七）、消費税法及び法人税法の基本通達において、次のように説明されています。

【法人でない社団の範囲】（消基通１－２－１、法基通１－１－１）

> 「法人でない社団」とは、多数の者が一定の目的を達成するために結合した団体のうち法人格を有しないもので、単なる個人の集合体でなく、団体としての組織を有して統一された意志の下にその構成員の個性を超越して活動を行うものをいい、次に掲げるようなものは、これに含まれない。
> （１）　民法第667条≪組合契約≫の規定による組合
> （２）　商法第535条≪匿名組合契約≫の規定による匿名組合

【法人でない財団の範囲】（消基通１－２－２、法基通１－１－２）

> 「法人でない財団」とは、一定の目的を達成するために出えんされた財産の集合体で、特定の個人又は法人の所有に属さないで一定の組織による統一された意志の下にその出えん者の意図を実現すべく独立して活動を行うもののうち、法人格を有しないものをいう。

また、人格のない社団等であるかどうかの判断について、最高裁昭和39年10月15日判決（判例時報393号28頁）は、次のように判示しています。

> 権利能力のない社団といいうるためには、団体としての組織をそなえ、そこには多数決の原則が行なわれ、構成員の変更にもかかわらず団体そのものが存続し、しかしてその組織によって代表の方法、総会の運営、財産の管理その他団体としての主要な点が確定しているものでなければならないのである。

人格のない社団等は、消費税法上、法人とみなされ（消税３。所得税法４条及び法人税法３条にも同規定。）、消費税の納税義務者となります。

（2）　匿名組合

匿名組合契約は、当事者の一方が相手方の営業のために出資をし、その営業から生ずる利益を分配する契約です（商535）。

匿名組合の事業に属する資産の譲渡等又は課税仕入れ等については、営業者が単独で行ったことになります（消基通1－3－2）。したがって、営業者が、その事業に係る課税資産の譲渡等についてインボイスを交付します。

（3）　任意組合等

民法667条は、「組合契約は、各当事者が出資をして共同の事業を営むことを約することによって、その効力を生ずる。」と定め、民法668条は、各組合員の出資その他の組合財産は、総組合員の共有に属する旨を規定しています。

建設工事に係るジョイントベンチャーは、複数の企業が建設工事に係る事業を共同して請け負うことを目的としており、通常、構成員全員による運営委員会が設けられ、構成員の権利義務関係を構成員相互間の契約で定めており、業務執行も全員又は特定の構成員が行い、各構成員は請負契約の履行について連帯して責任を負うものとなります。このような工事の請負という共同事業を営むことを合意して結成された団体は、民法上の組合に当たります。

Ｙ共同企業体は、①駅前開発工事の請負事業を共同して営むことを目的としており、②構成員全員による運営委員会が設けられ、各構成員は駅前開発工事の請負契約の履行について連帯して責任を負うということですから、各構成員である6社が出資して駅前開発工事の請負という共同事業を営むことを合意して結成されたもの、すなわち、民法上の組合に当たります。

2 共同企業体に係る消費税の課税関係

消費税法2条1項4号は、事業者とは、個人事業者及び法人をいうと規定しています。民法上の組合であるY共同企業体は、消費税の納税義務者にはなり得ません。

消費税法基本通達1－3－1は、共同事業に属する資産の譲渡等又は課税仕入れ等については、その共同事業の構成員が、その共同事業の持分の割合又は利益の分配割合に対応する部分につき、それぞれ資産の譲渡等又は課税仕入れ等を行ったことになるもの、いわゆるパススルー課税になるとしています。この取扱いは、組合そのものが法人格を有しないことを前提に、各構成員が権利義務の直接的な帰属者として、持分の割合又は利益の分配割合に対応して資産の譲渡等又は課税仕入れ等を行ったとみるものです。

したがって、組合が資産の譲渡等や課税仕入れ等を行った場合は、その権利義務が組合員に直接帰属し、組合が組合員との間で取引をした場合の権利義務は、その取引をした組合員と他の組合員との間に成立したことになります。

3 技術者派遣による役務の提供の帰属

法人Xは、技術者派遣の役務の提供等をし、その対価の額をY共同企業体に請求しています。これは、その対価の額を他の構成員に対しそれぞれの出資割合に応じて請求するものであり、その役務の提供を行う取引が、法人Xと他の構成員との間で成立したことになります。

したがって、法人Xにおいては、他の構成員に請求した額について、また、各構成員においては、それぞれの出資割合に相当する額について、それぞれその役務の提供に係る権利義務が帰属することになります。具体的には、法人Xにおいては、取引の総額1億円から、自らの出資割合である10％に相当する金額を除いた9,000万円が課税資産の

譲渡等の対価となります。他の構成員においては、取引の総額1億円にそれぞれの出資割合を乗じて算出した金額が、課税仕入れ等の対価の額となります。

4　他の構成員におけるインボイスの保存

　法人Xが行った技術者派遣に係る課税仕入れについて、Y共同企業体の法人X以外の構成員は、法人Xが交付したインボイスを保存することになりますが、法人Xは、Y共同企業体宛にインボイスを交付しているので、各構成員は、そのインボイスのコピー及び業務執行組合員が作成した各構成員の出資金等の割合に応じた課税仕入れに係る支払対価の額の配分内容を記載した精算書の交付を受け、これらを併せて保存することになります。

　ただし、インボイスのコピーが大量となる等の事情により、立替払いを行った業務執行組合員がコピーを交付することが困難なときは、業務執行組合員が、インボイスを保存し、各構成員がインボイス発行事業者からの課税仕入れであると確認することができる記載をした精算書を交付することにより、各構成員は、その精算書の保存をもって、仕入税額控除の要件を満たすことができます（消基通11－6－2）。

　なお、記載事項は、その全てが精算書に記載されている必要はなく、複数の書類によっていてもかまいません。別途、書面等で通知した事項のほか、継続的な取引に係る契約書等で既に明らかにされている等の事項には、精算書に記載されていなくても問題はありません。

72　　　　　第2章　課否判定

〔14〕　商業ビルの管理費

事　例　　ビルの管理組合Xは、区分所有者から、管理組合が行うビルの共用部分の管理等に要する費用として管理費用を収受しています。区分所有者の負担する管理費用は、各区分所有者の専有部分の業種階、共用部分の利用度、設備容量、設備の運転時間等を考慮して組合の決議により決定される管理費単価に、専有部分の床面積を乗じて算出した金額となっています。

　この管理費用について消費税の申告の義務があるのではないかと心配しています。

判断のポイント

　区分所有者は管理組合の構成員として管理費の支払義務を負っており、管理費は管理組合が行う管理業務と対価関係にある金員であるとはいえず、消費税の課税の対象となりません。

【参照】最高裁昭和39年10月15日判決（最高裁判所民事判例集18巻8号1671頁、TAINSコードZ999－5135）、大阪地裁平成24年9月26日判決（税務訴訟資料262号－198（順号12048）、TAINSコードZ262－12048）

解　説

1　管理組合の納税義務

（1）　消費税の納税義務者

　事業者は、国内において行った課税資産の譲渡等（特定資産の譲渡等を除きます。）及び特定課税仕入れにつき、消費税を納める義務があります（消税5①）。事業者とは、個人事業者及び法人をいいます。

第2章　課否判定　73

（2）　人格のない社団等

　人格のない社団等は法人とみなされ（消税3。所得税法4条及び法人税法3条にも同規定。）、消費税の納税義務者となり、インボイス発行事業者の登録を受けることもできます（前事例参照）。

（3）　管理組合の納税義務

　法人でない管理組合は、建物並びにその敷地及び附属施設の管理を行うことを目的として構成された団体です。共同の目的のために結集した人的結合体であって、団体としての組織を備えているものと考えられます。また、規約を定めることにより、多数決の原則が行われ、構成員の変更にかかわらず団体そのものが存続し、代表の方法、総会の運営、財産の管理等団体としての主要な点が確定しており、人格のない社団等に該当します。

　したがって、管理組合は、原則として、消費税の納税義務者となります。

2　管理費の課税関係

　国内において事業者が行った資産の譲渡等は消費税の課税の対象となり（消税4①）、資産の譲渡等とは、事業として対価を得て行われる資産の譲渡及び貸付け並びに役務の提供をいうものとされています（消税2①八）。

　管理費は、管理組合が行うビルの共用部分の管理等に要する費用であり、区分所有者の負担する管理費用は、専有部分の業種階、共用部分の利用度、設備容量、設備の運転時間等を考慮して定められた管理費単価に、専有部分の床面積を乗じて算出した金額となっています。

　しかし、区分所有者は、管理組合に共用部分の管理を現実に委託したか否かに関係なく、また、管理組合が行った具体的な管理行為の内

容いかんにかかわらず、管理組合の構成員として管理費の支払義務を負っています。

したがって、管理費は、管理組合が行う管理業務と対価関係にある金員であるとはいえず、役務の提供に対する対価であるとは認められないため、消費税の課税の対象となりません。

第2章　課否判定　　75

〔15〕　マンション管理組合の管理費と駐車場の賃貸収入

事　例　　マンション管理組合Xは、管理規約に従い、区分所有者から管理費と修繕積立金を収受しています。

　また、マンションに設置された駐車場がありますが、区分所有者の利用が減少しており、空き駐車場を有効利用するため、区分所有者以外の者への賃貸も行うこととしました。

　これらの収入の課税関係はどうなりますか。

判断のポイント

　管理費及び修繕積立金は、課税対象外の収入です。

　区分所有者に対する駐車場の賃貸は課税対象外となり、区分所有者以外の者に対する駐車場の貸付けは、課税資産の譲渡等となります。

解　説

1　マンション管理組合の納税義務

　前事例において確認したとおり、法人でない管理組合は人格のない社団等に該当し、人格のない社団等は、法人とみなされて消費税の納税義務者となります。

2　管理費

　マンション管理組合は、マンションの共用部分の管理等に要する費用を賄うことを主な目的として、マンションの区分所有者である組合員から管理費を徴収します。

一般に、組合員が負担する管理費の額は、共用部分の使用収益の態様や管理業務による利益の享受の程度と直接関係なく、団体内部において定めた分担割合に従い定まるものです。組合員は、マンション管理組合に対して共用部分の管理を現実に委託したか否かに関係なく、またマンション管理組合が行った具体的な管理行為の内容いかんにかかわらず管理費の支払義務を負うものであり、マンション管理組合の管理行為と引換えに管理費を支払っているものではありません。このような管理費は、マンション管理組合が行う役務の提供に対する対価であるとは認められず、消費税の課税対象となりません。

　マンション管理組合の規約に従って構成員として支払う管理費は、組合に拠出する通常会費と考えられ、課税庁の質疑応答事例においても課税対象外であると説明されています（後掲4参照）。

3　修繕積立金

　マンションの区分所有者である組合員は、修繕工事の財源である修繕積立金を負担します。修繕積立金は、マンションの共用部分について行う将来の大規模修繕等の費用の額に充てられるために長期間にわたって計画的に積み立てられるものです。したがって、修繕積立金の積立ては、資産の譲渡等の対価を支払うものではありません。

　また、修繕工事は、マンション管理組合が工事業者等に請け負わせて行うものであって、工事業者にとっては課税資産の譲渡等に該当し、マンション管理組合にとっては課税仕入れに該当します。しかし、組合員が行う修繕積立金の拠出と修繕工事とは直接の対価関係になく、マンション管理組合が組合員から受ける修繕積立金は修繕工事の対価ではありません。

　組合員においては、拠出した時、修繕工事が行われた時のいずれにおいても課税仕入れに該当しないということになります。

第2章　課否判定　　77

4　駐車場の賃貸収入

　国税庁の消費税の質疑応答事例「マンション管理組合の課税関係」
には、次のように記載されています。

　マンション管理組合は、その居住者である区分所有者を構成員とする
組合であり、その組合員との間で行う取引は営業に該当しません。
　したがって、マンション管理組合が収受する金銭に対する消費税の課
税関係は次のとおりとなります。
イ　駐車場の貸付け………組合員である区分所有者に対する貸付けに係
　　　　　　　　　　　　　るものは不課税となりますが、組合員以外の
　　　　　　　　　　　　　者に対する貸付けに係るものは消費税の課税
　　　　　　　　　　　　　対象となります。
ロ　管理費等の収受………不課税となります。

　この質疑応答は、その判断の理由について、「営業に該当しません」
と述べるのみです。

　他方、法人税の質疑応答事例「団地管理組合等が行う駐車場の収益
事業判定」には、次のように記載されています。

　【照会要旨】
　団地管理組合又は団地管理組合法人（以下「管理組合」といいます。）
が、その業務の一環として、その区分所有者（入居者）を対象として行
っている駐車場業は、収益事業に該当するでしょうか。
　（事業の概要）
①　駐車場業は、その区分所有者を対象として行われています。
②　駐車場の敷地は、その区分所有者が所有しています。
③　その収入は、通常の管理費等と区分することなく、一体として運用
　　されています。
④　駐車料金は、付近の駐車場と比較し低額です。
　【回答要旨】
　照会の事実関係を前提とする限り、収益事業に該当しません。

（理由）
① 管理組合という地域自治会が、その自治会の構成員を対象として行う共済的な事業であること。
② 駐車料金は、区分所有者が所有している共有物たる駐車場の敷地を特別に利用したことによる「管理費の割増金」と考えられること。
③ その収入は、区分所有者に分配されることなく、管理組合において運営費又は修繕積立金の一部に充当されていること。

　消費税の課税の対象は、法人税における収益事業の範囲に限るものではありませんが、回答理由は、区分所有者に対する貸付けを課税対象外とする結論を導くものと考えることができるでしょう。

　マンションの居住者が快適な生活を送るためには、住民の間でマンションの維持・管理や生活の基本的ルールとして管理規約を定める必要があります。このため、国土交通省においては、管理規約の標準的モデルとして「マンション標準管理規約（単棟型）」（以下「標準管理規約」といいます。）等を定めています。

　標準管理規約において、マンションの附属施設として駐車場が設置されている場合は、マンション管理組合と駐車場を使用したい区分所有者との間で駐車場使用契約を締結するものとされており、区分所有者以外の者に駐車場を使用させることは想定されていません（標準管理規約第15条）。また、この駐車場使用による使用料収入は、その管理に要する費用に充てるほか、修繕積立金として積み立てることとされており、その使途が限定されています（標準管理規約第29条）。このような標準管理規約に沿った管理規約を定めて区分所有者に駐車場を貸付けた場合には、上記【回答要旨】の②の「管理費の割増金」と考えることに妥当性があるといえるでしょう。

　他方、区分所有者以外の者に対する駐車場の貸付けについてはこのような事情はなく、「国内において対価を得て行う資産の貸付け」に該当し、課税の対象となります。

第2章　課否判定　　79

〔16〕　マンション管理組合による修繕工事に係る仕入税額控除

> **事　例**　　マンション管理組合は、大規模修繕工事を行った場合に、課税事業者として還付申告ができますか。

判断のポイント

「国等に対する仕入税額控除の計算の特例」により、仕入税額控除が制限されます。

解　説

前事例において、修繕積立金の積立ては課税対象外取引であり、組合員においては、修繕積立金を拠出した時、修繕工事が行われた時のいずれにおいても課税仕入れに該当しないことを確認しました。

他方、組合は、修繕工事の契約の当事者となります。

そうすると、実際に大規模修繕工事が行われた場合には、課税事業者として一般課税により仕入税額控除を行うことにより、その工事について発生した多額の課税仕入れ等を控除の対象として還付申告ができるのではないかと考えられます。

しかし、人格のない社団等については、消費税法60条4項に規定する「国等に対する仕入税額控除の計算の特例」の対象となり、管理費や修繕積立金等の対価性のない収入（特定収入）により賄われる課税仕入れ等の税額は、仕入税額控除の対象から除かれます。

したがって、大規模修繕工事により多額の課税仕入れ等が発生しても、多くの場合、控除対象仕入税額は算出されない、あるいは算出されてもわずかな金額に留まるものと考えられます。

80　　　　　　　第2章　課否判定

〔17〕　親子間の土地の使用貸借

事　例　　　私は、父（生計別）が所有する土地を無償で借り受け、月極めの駐車場として収益を得ています。父は、駐車場として利用することに同意していますが、その経営には関わっていません。この駐車場の経営に係る所得は、私に帰属するものとして申告するべきでしょうか。

判断のポイント

　車両を保管する事業であれば、それを主宰するあなたの所得になります。不動産の貸付けである場合には、その不動産の所有者である父の所得になります。

解　説

1　所得税の取扱い

　駐車場の経営に係る所得は、それが事業所得となるのか不動産所得になるのかによって判断が分かれます。

（1）　事業所得である場合

　所得税基本通達27－2は、「いわゆる有料駐車場、有料自転車置場等の所得については、自己の責任において他人の物を保管する場合の所得は事業所得又は雑所得に該当し、そうでない場合の所得は不動産所得に該当する。」としています。

　したがって、単に土地の貸付けを行っているのではなく、入出庫の管理や保管等の役務の提供を行う場合には、あなたが営む事業に係る事業所得と判断することになります。

第2章　課否判定　　81

（2）　不動産所得である場合

　所得税法12条は、「資産又は事業から生ずる収益の法律上帰属するとみられる者が単なる名義人であって、その収益を享受せず、その者以外の者がその収益を享受する場合には、その収益は、これを享受する者に帰属するものとして、この法律の規定を適用する。」として実質所得者課税の原則を定めています。これを受け、所得税基本通達12―1は、「資産から生ずる収益を享受する者がだれであるかは、その収益の基因となる資産の真実の権利者がだれであるかにより判定すべきであるが、それが明らかでない場合には、その資産の名義者が真実の権利者であるものと推定する。」としています。

　したがって、土地や施設の貸付けに係る不動産所得はその施設の所有者の所得となりますから、青空駐車場のような土地の貸付けを行う場合には、その収益はその土地の真実の所有権者であるあなたの父に帰属するものと考えられます。そうすると、あなたが享受している利益は、父からの贈与による利益ということになります。

　しかし、あなたが建物や駐車場施設を設置してその施設の貸付けを行っている場合には、その施設の貸付けによる不動産所得は、施設の所有者であるあなたに帰属することとなります。

2　消費税の取扱い

　消費税においても、消費税法13条に、「法律上資産の譲渡等を行ったとみられる者が単なる名義人であって、その資産の譲渡等に係る対価を享受せず、その者以外の者がその資産の譲渡等に係る対価を享受する場合には、当該資産の譲渡等は、当該対価を享受する者が行ったものとして、この法律の規定を適用する。」と定められています。

　したがって、所得税において行った判断に準じて、その事業を行う者を判断することになります。

〔18〕 親子間の土地の使用貸借（アスファルト舗装の贈与）

事 例 　私の父は資産家で、私は父所有の住宅に無償で居住しています。父には駐車場の賃貸収入があり、その蓄積によって将来の遺産は年々増加しています。

　そこで、税理士に相談したところ、父から使用貸借で土地を借り受け、駐車場として使用する土地上のアスファルト舗装の贈与を受けてそのアスファルト施設を貸し付けることを提案されました。

　私の利益をより多く確保するため、駐車場の管理業務は、父が管理会社と締結した管理契約を継続してもらいます。

　前事例において、更地の貸付けの場合には、その貸付けに係る不動産所得は土地の所有権者に帰属するとされています。しかし、このプランでは、私がアスファルト舗装の所有者となるので、駐車場の収入は私の収入として認められ、相続税対策となり所得税の節税もできると説明されています。

判断のポイント

　アスファルト舗装の贈与を受けたとしても、駐車場収益をあなたが享受することは、父が土地の所有権者として享受すべき収益を子に与えるという処分の結果であり、その不動産所得は父に帰属すると考えられます。

【参照】大阪高裁令和4年7月20日判決（令3（行コ）64号（公刊物未掲載）、
　　　　TAINSコードZ888−2426）

第2章　課否判定　　83

解　説

1　使用貸借契約が有効に成立したか否か

　所得税法12条は、「資産又は事業から生ずる収益の法律上帰属する
とみられる者が単なる名義人であって、その収益を享受せず、その者
以外の者がその収益を享受する場合には、その収益は、これを享受す
る者に帰属するものとして、この法律の規定を適用する。」として実質
所得者課税の原則を定めています。

　アスファルト舗装は、路盤にアスファルト混合物を敷き均して固定
するものであり、アスファルト舗装された地面のうち、アスファルト
混合物が含まれる表層及び基層部は、土地の構成部分となり、その土
地とは別に独立の所有権は成立しないと考えられます。

　ただし、あなたが土地を駐車場として使用することを記載して、ア
スファルト舗装の贈与契約と土地の使用貸借契約とを同時に締結した
目的は、その土地上であなたがアスファルト舗装の所有者として安定
的に駐車場賃貸事業を営むことであり、アスファルト舗装を付合した
土地の使用貸借契約は有効に成立するといえるでしょう。

　したがって、あなたは、土地の使用貸借契約に基づく収益権として
の使用借権を有していることから、所得税法12条が定める「生ずる収
益の法律上帰属するとみられる者」に当たることとなります。

　そうすると、あなたが「単なる名義人であって、その収益を享受せ
ず、その者以外の者がその収益を享受する場合」に当たるか否かが問
題となります。

2　実質所得者の判断

　所得税法12条は、租税負担の公平を図るため、資産から生ずる収益
の帰属について、名義又は形式とその実質が異なる場合には、その資

産の名義又は形式にかかわらず、その資産の真実の所有者に帰属させる趣旨です。そして、所得税基本通達12－1「法第12条の適用上、資産から生ずる収益を亨受する者がだれであるかは、その収益の基因となる資産の真実の権利者がだれであるかにより判定すべきである」もその趣旨に出たものであり、合理的なものといえるでしょう。

不動産所得である駐車場収入は、土地の使用の対価として受けるべき金銭という法定果実であり（民88②）、駐車場賃貸事業を営む者の役務提供の対価ではないため、所有権者がその果実収取権を第三者に付与しない限り、所有権者に帰属すべきものです。

そして、あなたがこの土地の法定果実を収取できる根拠は使用借権（民593）ですが、使用貸借の借主は、その無償性から、本来貸主の承諾を得ない限り、法定果実収取権を有しないものとされています（民594②）。

この土地は、父が既に所有権に基づき駐車場賃貸事業を営んで賃料収入を取得していたものであり、子であるあなたに土地を使用貸借し、法定果実の収取を承諾して、その事業を承継させるということですから、父が土地の所有権の帰属を変えないまま、何らの対価も得ることなく、そこから生じる法定果実の帰属を子であるあなたに移転させたものと評価することになります。しかも、使用貸借における転貸の承諾、すなわち法定果実収取権の付与は、その無償性から、その承諾を撤回し将来に向かって付与しないことができると考えられることからすると、そもそも父から使用貸借に基づく法定果実収取権を付与されたことで、当然に実質的にも土地からの収益を享受する者となったということはできないでしょう。

あなたは、税理士に父の相続にかかる相続税対策について相談し、税理士から、使用貸借契約等を締結して、父が従前から営んでいた賃料収入の蓄積による将来の遺産の増加を抑制し、当面の所得税の節税

第2章　課否判定　　　85

もできると、説明されています。

　これによれば、あなたは、父から使用貸借に基づく法定果実収取権の付与を受け、その土地上で駐車場賃貸事業を営むことにつき特段の出捐をすることなく、父が管理業務を有償で委任していた管理会社との管理契約を継続することで、その管理に必要な役務を提供することもないということになります。

　しかも、父は、あなたに対して、自己所有の土地建物に無償で居住させており、その不動産の使用収益の利益を付与していたことも、駐車場の土地に関する法定果実収取権の付与と同質のものであって、あなたは父から親族間の情誼により相当の援助を受けています。

　そうすると、父の相続にかかる相続税対策を主たる目的として、父の存命中は、土地の所有権はあくまでも父が保有することを前提に、土地による父の所得を子であるあなたに形式上分散する目的で、使用貸借契約に基づく法定果実収取権を付与するにすぎないものといえます。

　したがって、たとえ、駐車場の収益があなたの口座に振り込まれたとしても、そのように父が子であるあなたに対する土地の法定果実収取権の付与をすること自体が、父が所有権者として享受すべき収益を自ら処分する結果であると評価できるのであって、その収益を支配しているのは父であるというべきでしょう。したがって、あなたは単なる名義人であって、その収益を享受せず、父がその収益を享受するということになります。

第2章　課否判定

〔19〕　廃業時に保有する資産のみなし譲渡

事　例　私は、個人で物品販売業を営んでいましたが、廃業することにしました。

青色申告決算書には、固定資産として店舗建物及び商品の配達に使用していた車両を計上しています。これらの固定資産は、廃業後、家事用に使用する予定はありませんが、その場合でも、消費税のみなし譲渡の対象となるのでしょうか。

判断のポイント

個人事業者の事業の廃止に伴い事業の用に供する資産に該当しなくなった事業用資産は、原則として、事業の廃止時において、家事のために消費し、又は使用したものとし、みなし譲渡したものとして取り扱うこととされています。

解　説

1　みなし譲渡

消費税法4条5項は、次に掲げる行為について、事業として対価を得て行われた資産の譲渡とみなす旨を定めています。

> ①　個人事業者が棚卸資産又は棚卸資産以外の資産で事業の用に供していたものを家事のために消費し、又は使用した場合における当該消費又は使用
> ②　法人が資産をその役員に対して贈与した場合における当該贈与

個人事業者が、事業用資産の課税仕入れについて仕入税額控除を適用し、その資産を家事のために消費した場合には、実質的に消費税を

負担せずに家事用資産を購入できることとなります。したがって、一般消費者が家事用資産を購入した場合との消費税の課税の公平性を確保するために、みなし譲渡の規定が設けられています。

法人においても、その意思決定を行うべき立場にある役員が、法人を利用して消費税を負担しない結果となることを防止するため、みなし譲渡の規定があり、さらに低額譲渡の規定も設けられています（消税28①）。

2 事業の廃止とみなし譲渡

廃業時に保有する資産のみなし譲渡については、会計検査院平成30年度決算検査報告（令和元年11月8日内閣送付）において、「事業の廃止に伴い事業の用に供する資産に該当しなくなった事業用資産は、原則として、事業の廃止時において、家事のために消費し、又は使用したものとし、みなし譲渡したものとして取り扱うこととされている」とされ、廃業時に保有する固定資産がみなし譲渡の対象となることは、所与のものと整理されています。

3 会計検査院の調査結果

みなし譲渡を行った場合に消費税の課税標準額に計上する資産の価額に相当する金額は、原則として、その資産の時価となります（消税28③）。ただし、財務省によれば、棚卸資産以外の資産については、「資産の状況等によっては未償却残高も一つの指標となり得るとされている」として、会計検査院は、「廃業届出書等」を提出した個人事業者について、所得税の確定申告書に添付される所得税青色申告決算書又は収支内訳書（以下「決算書等」といいます。）に記載された固定資産の未償却残高を指標として、通常の売上高に加えてみなし譲渡が計上されているかどうか調査を行いました。

その結果、27年から29年までに事業を廃止した個人事業者851人の決算書等によると、廃業時に事業の用に供する資産に該当しなくなった棚卸資産以外の資産の未償却残高の合計額が100万円以上となっていた者349人のうち、305人について、「所得税の確定申告書等における事業所得等の総収入金額のうち課税売上げとなる金額が消費税の確定申告書等における課税標準額と同額となるなどしていて、棚卸資産以外の資産の未償却残高を消費税の課税標準額に計上していることが確認できなかった。したがって、上記の305人が事業の廃止時に保有していた棚卸資産以外の資産は、みなし譲渡したものとして適正に課税されていない蓋然性が高い状況となっていた。」と報告しています。

表　事業の廃止時に保有していた棚卸資産以外の資産の未償却残高の合計額が100万円以上となっていた者の消費税の課税状況

(単位：人、件、円)

区　分	個人事業者数	事業の廃止時に保有していた棚卸資産以外の資産	
		件数	未償却残高計
事業の廃止時に棚卸資産以外の資産を保有していたもの	703	3,003	1,502,019,537
事業の廃止時に未償却残高の合計額が100万円以上の棚卸資産以外の資産を保有していたもの	349	1,747	1,370,988,604
事業の廃止時に未償却残高の合計額が100万円以上の棚卸資産以外の資産を保有しており、みなし譲渡として適正に課税されていない蓋然性が高いもの	305	1,570	1,185,429,470

(出典：会計検査院平成30年度決算検査報告)

第2章　課否判定　　89

4　国税庁における措置

　上記の指摘に基づき、国税庁において、次のような処置が講じられました。

> ア　事業廃止届出書、決算書等を消費税の申告審理等に活用することとする手続を定めるとともに、国税局等に対して、事業廃止届出書、決算書等を有効に活用するなどして棚卸資産以外の資産のみなし譲渡の確認を行うことができるよう、令和元年9月に事務連絡を発し、各種会議により周知した。
> イ　個人事業者が事業を廃止した場合に、事業の廃止時に保有していた棚卸資産以外の資産は、みなし譲渡したものとして消費税の課税の対象となることについて、事業廃止届出書にその説明を記載したり、質疑応答例を国税庁のホームページに掲載したりするなどして、元年9月に個人事業者へ周知した。

　イの措置として、事業廃止届出書の記載要領等に次の記載がされ、タックスアンサーには「No. 6603　個人事業者が事業を廃止した場合」が示されました。

> 事業廃止届出書の記載要領等（抄）
> （注）　課税事業者が事業を廃止した場合、その廃止の日の属する課税期間に係る消費税の申告が必要です（法19、45、46）。また、個人事業者が事業を廃止した場合、事業の廃止に伴い事業用資産に該当しなくなった車両等の資産は、事業を廃止した時点で家事のために消費又は使用したものとして、事業として対価を得て当該資産を譲渡したものとみなされ（みなし譲渡）、非課税取引に該当しない限り、消費税の課税対象となります。この場合、当該事業を廃止した時の当該資産の通常売買される価額（時価）に相当する金額を、当該事業を廃止した日の属する課税期間の課税標準額に含める必要があります（消税4⑤、28③一）。

90　　第2章　課否判定

〔20〕　同日における取得と譲渡

事　例　　　法人Ｘは、簡易課税制度を適用しています。賃貸目的の不動産を取得するため、契約を締結し着手金を支払いました。しかし、決済に係る支払資金を調達できなかったため、これを転売することとし、建物の売買代金として2億2,000万円を受領して預り金として経理し、中間省略の形式で所有権移転の登記が行われることに同意しました。

　この建物の代金2億2,000万円は課税売上げとなりますか。

判断のポイント

　建物の譲渡として消費税の課税対象となります。事業区分は、第一種事業となります。

【参照】平成18年12月13日裁決（TAINSコードF0－5－094）

解　説

　法人Ｘは、不動産を賃貸する目的で取得契約をしたものの、その取得に係る資金の調達ができなかったことから、これらを転売することとし、これらの譲渡代金及び取得代金の精算が行われています。

　法人Ｘはいわゆる中間省略の形式で所有権移転の登記が行われることに同意していますが、この同意は、法人Ｘが不動産を取得し、譲渡したことを裏付けるものです。したがって、法人Ｘは、不動産を取得し、同日、これを譲渡したこととなります。

　また、簡易課税制度の事業区分として、固定資産の譲渡となり第四種事業に当たるのではないかと考える向きもありますが、この建物は

第2章　課否判定　　91

取得の日において転売目的であることが明らかであり、取得時の現状
のまま譲渡されたことから、「他の者から購入した商品をその性質及
び形状を変更しないで他の事業者に対して販売する事業」(消税令57⑥)
に当たり、第一種事業に該当することとなります。

第2章　課否判定

第2　事業としての判断

〔21〕　宗教法人が行う絵画の譲渡

事　例　宗教法人Xは、境内地に隣接する駐車場の時間貸しについて法人税の納税義務があり、消費税についても課税事業者として申告納税を行ってきました。

この度、宗教活動を行う会館の建設資金を得るために、絵画を1億4,000万円で売却しました。この絵画は信者からの献金を取得資金として購入し、保有期間を通してこの絵画を使用して収入を得たことはなく、売却収入は全て宗教活動の資金となります。

したがって、この絵画の譲渡は、宗教活動の一環と考えています。

また、消費税法基本通達5-1-1は、消費税法2条1項8号に規定する「事業として」とは、対価を得て行われる資産の譲渡及び貸付け並びに役務の提供が反復、継続、独立して行われることをいう旨を定めていますが、宗教法人Xは、今後、絵画の売却を行う予定はありません。

したがって、この絵画の譲渡は消費税の課税対象とならないと判断していますが、よろしいでしょうか。

判断のポイント

法人が行う資産の譲渡は、それが単発であっても、また宗教活動の資金調達のために行うものであっても、全て「事業として」に該当します。

【参照】平成19年11月26日裁決（裁決事例集74集439頁）

第2章　課否判定　　　93

解　説

　宗教法人Xは、この絵画の譲渡は単発的に行ったものであり、宗教
活動の一環として行ったものであると考えられることから、消費税の
課税の対象とならないものと判断しています。しかし、これらはいず
れも、消費税法上、法人が行う取引について、課税の対象となるかど
うかの判断を行う基準にはなりません。

　消費税法は、「国内において事業者が行った資産の譲渡等には、消費
税を課する」とし（消税4①）、「資産の譲渡等」は、「事業として対価を
得て行われる資産の譲渡及び貸付け並びに役務の提供」であると定め
ています（消税2①八）。

　これらの規定から、国内取引に係る消費税の課税の対象は、次の4
つの要件を満たすものであるということができます。

①　国内において行ったものであること

②　事業として行ったものであること

③　対価を得ていること

④　資産の譲渡及び貸付け並びに役務の提供であること

　「事業として」について、消費税法基本通達5－1－1は、対価を
得て行われる資産の譲渡及び貸付け並びに役務の提供が反復、継続、
独立して行われることをいうとしていますが、これは、個人事業者に
ついて、事業として行った場合の基準を明らかにしたものです。

　法人については、法人自体が事業を行う目的で設立されることから、
法人が行う資産の譲渡及び貸付け並びに役務の提供は、独立、反復、
継続して行われるか否かにかかわらず、その全てが「事業として」に
該当するものとされています（消基通5－1－1（注）2）。

　また、絵画の譲渡は宗教活動の一環として行ったのであるから消費

税の課税の対象とならないと判断されたようですが、宗教法人が宗教活動の一環として行った資産の譲渡について、消費税等を課税しないとする法令上の規定はありません。たとえ宗教活動の一環として行われたものであるとしても、その絵画の譲渡が上記の①〜④の要件を満たすものである場合には、消費税の課税対象となります。

第2章　課否判定　　95

〔22〕　永代使用料に含まれる墓石等の対価

事　例　　宗教法人Xは、霊園を経営し、霊園の使用者から、永代使用料（a）、及び霊園の維持管理に要する有期管理料（b）を収受し、墓石及びカロート（遺骨を納めるために墓石の下に設置されるコンクリート製の設置物）の設置を求める使用者からはその費用（c）を永代使用料に含めて収受しています。

また、永代使用料とは別に、遺骨を永代供養するための御廟の費用（一佛の使用料（d）30万円、永代管理料（e）10万円、永代供養料（f）10万円の合計50万円）、及び遺骨を一時的に安置するための納骨堂の費用（一壇の使用料（g）50万円、年間管理費（h）1万円）を収受しています。

墳墓地は、宗教上の慣習からすれば、土地部分と墓石等が一体となって初めて、個々人ないし宗教法人にとっての「礼拝の対象」となるといえるのですから、宗教法人Xが土地部分と墓石等を永代にわたって管理することは、宗教行為として当然のことであり、上記に掲げた収入は、いずれも奉納金であり、消費税の課税の対象とならないと考えますが、よろしいですか。

判断のポイント

墳墓等の敷地の貸付けは、土地の貸付けに該当して非課税です。

墓石及びカロートの販売の対価に相当する部分、有期管理料、永代管理料及び納骨堂等の使用料は、課税資産の譲渡等の対価となります。

【参照】東京地裁平成24年1月24日判決（税務訴訟資料262号－9（順号11859）、判例時報2147号44頁、判例タイムズ1384号139頁、TAINSコードZ262－11859）、東京高裁平成25年4月25日判決（税務訴訟資料263号－85（順号12209）、TAINSコードZ263－12209）

解　説

1　宗教法人が行う取引

　消費税法4条1項は、国内において事業者が行った資産の譲渡等には、消費税を課するものと定め、同法2条1項8号は、資産の譲渡等とは、事業として対価を得て行われる資産の譲渡及び貸付け並びに役務の提供をいうとされており、同法6条1項は、資産の譲渡等のうち、同法別表第2に列挙されているものについては、消費税を課さないものとしています。

　宗教法人は「事業者」に該当し（消税2①四）、宗教法人が行う取引が消費税の課税対象となるか否かについては、他の法人と同様に、上記の定めに照らして判断することになります。

2　墳墓地の貸付け、墓石及びカロートに係る収入

　宗教法人Xの永代使用契約に係る事業は、土地部分の貸付けに係る事業と墓石及びカロートの販売に係る事業からなっています。宗教法人Xは、墳墓地は、宗教上の慣習からすれば、土地部分と墓石等が一体となって初めて「礼拝の対象」となるといえるのであるから、宗教法人Xが土地部分と墓石等を永代にわたって管理することは、宗教行為として当然のことであり、墓石及びカロートに係る収入は、いずれも奉納金であり、消費税の課税の対象とならないと考えておられます。

　しかし、これらは区別して課否判定を行うことになります。

　永代使用料（a）を対価とする墳墓等の敷地の貸付けは、事業として対価を得て行われる資産の譲渡であり、消費税法2条1項8号にいう「資産の譲渡等」に該当し、その上で、消費税法別表第2第1号に掲げる土地の貸付けに該当して非課税となります。

　また、墓石及びカロートの販売は、事業として対価を得て行われる

資産の譲渡であり、消費税法2条1項8号にいう「資産の譲渡等」に該当します。その上で消費税法別表第2に掲げる取引のいずれにも当たらないことから、墓石及びカロートの費用(c)として収受する部分は、消費税の課税資産の譲渡等の対価となります。

3 有期管理料

宗教法人Xは、使用者から、本件永代使用料とは別に有期管理料(b)の支払を受けています。これは、霊園の維持管理に関する費用として支払を受けているものであって、使用者が霊園を使用する便益のための役務の提供の対価であると認められ、社会通念上役務の提供の対価と認めるのが相当であって、消費税法別表第2に掲げる取引のいずれにも当たりません。したがって、宗教法人Xの消費税の課税資産の譲渡等の対価となります。

4 御廟及び納骨堂の費用

永代供養料(f)は、宗教行為に対する奉納金であり、消費税の課税の対象になりません。

しかし、御廟や納骨堂の使用料(御廟につき30万円(d)、納骨堂につき50万円(g))は、資産の貸付けの対価であり、また、御廟の永代管理料(e)10万円、納骨堂の年間管理費(h)毎年1万円は、使用料や永代供養料とは別途支払われるもので、御廟や納骨堂を維持管理するための対価と認められ、社会通念上役務の提供の対価と認められます。これらは消費税法別表第2に掲げる取引のいずれにも当たらないのであり、消費税の課税資産の譲渡等の対価となります。

〔23〕 事業と称するに至らない不動産の貸付け

事例
私は、個人で建設機械修理業を営み、その課税売上高が毎年1,000万円を超えていることから、課税事業者として消費税の申告を行ってきました。

本年4月1日、株式会社A社を設立し、それまで個人で営んでいた建設機械修理業をA社に引き継ぎ、A社の代表取締役に就任して、個人事業を廃業しました。

また、A社に対して、個人事業において事務所、作業所及び倉庫として使用していた3棟の建物を月額15万円で賃貸しています。私は、この3棟の貸付け以外に不動産の貸付けがないことから、所得税において「事業的規模に至らない」と判断し、青色申告特別控除額は10万円を予定しています。

そうすると、消費税においても、「事業」に該当しないと判断し、この3棟の建物の貸付けは、消費税の課税対象外と考えてよろしいでしょうか。

判断のポイント

所得税における事業所得の判定や事業的規模の判定にかかわらず、個人が反復・継続・独立して、対価を得て行う建物の貸付けは「事業として」に該当し、消費税の課税の対象となります。

【参照】富山地裁平成15年5月21日判決（税務訴訟資料253号（順号9349）、TAINSコードZ253－9349）、名古屋高裁平成15年11月26日判決（税務訴訟資料253号（順号9473）、TAINSコードZ253－9473）、最高裁平成16年6月10日決定（税務訴訟資料254号－159（順号9666）、TAINSコードZ254－9666）

第2章　課否判定　　99

　　解　説

1　納税義務の有無の判定

　事業を行う個人は、国内において行った課税資産の譲渡等につき、消費税の納税義務者となります（消税2①四・5①）が、その課税期間の基準期間における課税売上高が1,000万円以下である場合には、原則として、免税事業者となります。

　所得税法においては、全ての所得を課税対象とすることを前提に、その性質や発生の態様によってそれぞれの担税力を考慮するため、所得の金額は、10種類の各種所得に区分して計算します（所税23〜35）。しかし、消費税にはこのような所得区分の考え方はありません。基準期間における課税売上高は、所得区分の違いや事業内容の変化にかかわりなく、一の事業者を単位として計算することとされています。

　あなたは、本年3月まで建設機械修理業を営んでいましたが、現在はその建設機械修理業を廃業して不動産の貸付けだけを行っています。基準期間における課税売上高の計算の基礎となった事業所得の売上高と不動産所得の売上高とは関連がなく、本年課税期間において行う不動産の貸付けの規模を基準期間において行っていた建設機械修理業の売上高によって判断するのは合理的でないようにも思えます。

　しかし、このような場合であっても、基準期間における課税売上高が1,000万円を超えている場合には、その課税期間は課税事業者となり、不動産の貸付けについて消費税の納税義務は免除されません。

2　事業該当性―消費税と所得税の違い

　消費税法は、「事業として」行うことを課税の対象の要件としています（消税2①八・4①）が、「事業」自体の一般的な定義規定を置いてはいません。「事業」の意義については、消費税法の制定趣旨及び目的等

に照らして解釈することになります。

　消費税法は、消費に広く負担を求めるという観点から(税制改革10①)、消費一般につき、価格を通して最終的に消費者に転嫁されることを予定し、消費に至るまでの各段階に課税するものとして創設されました(税制改革10①②)。徴税技術上、納税義務者を物品の製造者や販売者、役務の提供者等としているものの、その性質は、その相手方である消費者の消費支出に着目したもので、これを提供する事業者の規模そのものは、消費税法が課税を意図する担税力と直ちに結びつくということはできません。

　これに対し、所得税は、一般的に、担税力の現れとして、人が収入等を得ていることに着目し、収入等の形で新たに取得する経済的利得、すなわち所得を直接対象として課されるものです。所得税法上、「事業」の文言は、所得の担税力を加味するために、その所得が事業所得に当たるか他の所得区分に当たるか、不動産所得を事業所得と同様に取り扱うかどうか等を判断するに当たって用いられています。

　したがって、消費税法と所得税法とは、着目する担税力や課税対象が異なり、性質の異なる両法の規定中に同一の「事業」という文言があっても、直ちに、それを同一に解釈すべきではなく、消費税法が、消費に広く負担を求めるという観点から制定されたことに照らすと、その課税対象を所得税法上の一課税区分を生じさせるに過ぎない「事業」と同一の範囲に限定しているものと解することはできません。

　消費税法における「事業」は、所得税法上の「事業」概念と異なり、その規模を問わず、「反復・継続・独立して行われる」ものと解するべきでしょう(消基通5−1−1)。あなたは、反復・継続・独立して、対価を得て建物の貸付けを行っているのであり、その賃貸が所得税法上、事業的規模に至らないと判断される場合であっても、消費税法2条1項8号の「資産の譲渡等」に該当することになります。

第2章　課否判定　　101

〔24〕　事業に付随する行為

事　例　　私は、個人でゲームソフトの開発を請け負う事業を行っており、消費税の課税事業者です。私の妻は、料理教室を主宰し、飲食店のコーディネイトを行うなど、料理研究家として事業を行う消費税の課税事業者です。

この度、妻が所属する料理研究家の団体（人格のない社団等）が開催したシンポジウムに、妻とともにパネラーとして参加しました。妻は料理店の経営について、私は顧客の立場から飲食店に対する要望などを中心に発言を求められました。

この出演について、それぞれ5万円の謝礼を受け取りましたが、この謝礼は、私と妻にとって課税売上げに該当するのでしょうか。

判断のポイント

反復、継続、独立して行う事業に付随して行う場合は、「事業として」に該当します。

解　説

消費税法において、国内において事業者が行った「資産の譲渡等」は課税の対象とされ（消税4①）、「資産の譲渡等」は、「事業として対価を得て行われる資産の譲渡及び貸付け並びに役務の提供」であると定義されています（消税2①八）。

「事業として」とは、対価を得て行われる資産の譲渡及び貸付け並びに役務の提供が反復、継続、独立して行われることをいいます（消基通5－1－1）。また、「資産の譲渡等」には、その性質上事業に付随し

て対価を得て行われる資産の譲渡及び貸付け並びに役務の提供を含む
ものとされています（消税令2③）。

　したがって、個人事業者が行った取引が次に該当する場合には、そ
の取引を「事業として」行ったことになります。

①　反復、継続、独立して行う場合

②　それ自体は反復、継続、独立して行っていなくても、①に付随し
　て行う場合（事業付随行為である場合）

　②の事業付随行為は、事業活動の一環として、又はこれに関連して
行われるものです（消基通5－1－7）。

　あなたの妻は、料理研究家として事業を展開しており、その専門知
識を有していることからシンポジウムにパネラーとして出演し、謝礼
を受け取ったものと考えられます。したがって、シンポジウムのパネ
ラーや講演等を反復、継続、独立して行っていなくても、事業付随行
為として「資産の譲渡等」に該当し、課税の対象となります。

　他方、あなたが行う事業の内容はゲームソフトの開発であり、今回
のシンポジウムとは関連がありません。したがって、今後この分野で、
パネラーや講演を反復、継続、独立して行うというのでなければ「事
業として」に該当せず、受け取った謝礼は、課税対象外の収入となり
ます。

　また、消費税法基本通達5－1－7には、事業付随行為の例として、
「職業運動家、作家等で事業者に該当するものが対価を得て行う催物
への参加又はラジオ放送若しくはテレビ放送等に係る出演その他これ
らに類するもののための役務の提供」が掲げられています。これは、
職業運動家や作家等は、その知名度によりテレビ出演等を求められる
と考えられ、そのテレビ出演等は、職業運動家や作家としての事業に
関連するものと考えられるからです。

　あなたがこのような立場にある場合は、この観点からの検討も必要
となります。

第2章　課否判定　　　103

〔25〕　出向と労働者派遣

事　例　　法人Ｘは、労働者派遣事業を目的に掲げる株式会
社であり、従業員をＡ町の運転業務等に従事させて
います。

この従業員に係る社会保険料は法人Ｘを事業主として加入し、
法人Ｘが給与を支給しています。

法人ＸがＡ町から受ける対価は、従業員に係る給与等の額と同
額の施設援助負担金とその他の管理費としての業務委託料とに区
分されています。施設援助負担金を出向料受入額として、業務委
託料のみを課税売上高とすることが認められるでしょうか。

なお、業務委託契約書においては、㋐委託業務の実施中生じた
従業員の災害については法人Ｘがその責を負うものとする旨、㋑
出向職員が、業務上その責に帰する事由により、Ａ町又は第三者
に及ぼした損害については、法人Ｘが負担するものとする旨がそ
れぞれ記載されており、Ａ町は、従業員に対し、服務規程等に規
定する身分証明書を交付していません。

判断のポイント

労務の提供を受ける事業者が支出する金員が、給与負担金又は
派遣料のいずれに該当するかは、労働者とその労務の提供を受け
る事業者との間の雇用関係の存否により判断します。

【参照】平成26年7月31日裁決（TAINSコードＦ0－5－142）

解　説

1　消費税の課税の対象

消費税法4条1項は、国内において事業者が行った資産の譲渡等に

は、消費税を課する旨を規定しています。また、同法2条1項8号は、資産の譲渡等とは、事業として対価を得て行われる資産の譲渡及び貸付け並びに役務の提供をいうと定めています。

　ここにいう事業とは、自己の計算と危険において資産の譲渡及び貸付け並びに役務の提供が反復、継続、独立して行われるものであって（消基通5−1−1）、個人が雇用契約又はこれに準ずる契約に基づき他の者に従属し、かつ、当該他の者の計算により行われる事業に役務を提供する場合は、事業に該当しません。

2　出向の取扱い

　消費税法基本通達5−5−10は、「事業者の使用人が他の事業者に出向した場合において、その出向した使用人（出向者）に対する給与を出向元事業者が支給することとしているため、出向先事業者が自己の負担すべき給与に相当する金額（給与負担金）を出向元事業者に支出したときは、当該給与負担金の額は、当該出向先事業者におけるその出向者に対する給与として取り扱う。」としています。ここにいう、出向とは、出向者が、出向元事業者との関係及び出向先事業者との関係において二重の雇用関係に基づき勤務する形態です。

　したがって、出向先事業者から出向元事業者に対して支出される出向者の給与相当額が、たとえ負担金等の名目で支出されていたとしても、その負担金は、雇用関係に基づき出向者から受ける労務の提供に対する対価の支払、すなわちその出向者の労務の提供に対する実質的な対価とみるべきで、出向者に対する給与として取り扱うのが合理的であると考えられます。

3　労働者派遣の取扱い

　また、消費税法基本通達5-5-11は、「労働者の派遣（自己の雇用する労働者を当該雇用関係の下に、かつ、他の者の指揮命令を受けて、当該他の者のために労働に従事させるもので、当該他の者と当該労働者との間に雇用関係のない場合をいう。）を行った事業者が当該他の者から収受する派遣料等の金銭は、資産の譲渡等の対価に該当する。」としています。労働者の派遣は、派遣先が、派遣労働者から労働の提供を受け、派遣元に対して派遣料を支払うという点では出向に類似しています。しかし、労働者の派遣では、派遣先と労働者との間に雇用関係は存せず、派遣先は、労働者に対して給与の支払義務を負っていないので、派遣料に給与としての性格を見いだすことはできません。

　したがって、派遣料は、派遣元が派遣先に対して人材を派遣するという役務の提供に対する対価として取り扱うのが合理的であると考えられます。

4　給与負担金と派遣料との峻別

　出向又は労働者の派遣において、労務の提供を受ける事業者が支出する金員が、給与負担金又は派遣料のいずれに該当するかは、労働者とその労務の提供を受ける事業者との間の雇用関係の存否により判断することになります。

　雇用関係の存否は、「出向」又は「派遣」という名称によることなく、労働者と労務の提供を受ける事業者との間の労働関係の実態により、その事業者が労働者に対する指揮命令権を有していること、その事業者が賃金の全部又は一部の支払をすること、その事業者の就業規則の適用があること、その事業者が独自に労働者の労働条件を変更することがあること、その事業者において社会・雇用保険へ加入していること等を総合的に勘案して判断することになります。

5　施設援助負担金と業務委託費の取扱い

　雇用関係の存否は、上述のとおり、業務に従事する従業員とA町との間の労働関係の実態により判断することになりますが、

①　従業員の給与は法人Xから支給されていること

②　従業員に係る社会保険及び雇用保険は、法人Xを事業主として加入していること

③　業務委託契約書に次の記載がされていること

　㋐　委託業務の実施中生じた従業員の災害については法人Xがその責を負うものとする旨

　㋑　出向職員が、業務上その責に帰する事由により、A町又は第三者に及ぼした損害については、法人Xが負担するものとする旨

④　従業員に対しては、A町の職員に適用される服務規程等に規定する身分証明書が交付されていないこと

などを総合的に判断すると、従業員は、法人Xとの間の雇用関係に留まり、A町との間には、雇用関係が存していたとは認められません。

　そうすると、法人Xは、自己と雇用関係にある従業員をA町の指揮命令を受ける業務に従事させたのであり、A町に対し、従業員の派遣を行っているということになります。

　したがって、出向料受入額が従業員に係る給与等の額と一致していたとしても、実質的に給与等そのものであるということはできず、従業員がA町の業務に従事することの対価である施設援助負担金（出向料受入額）及び業務委託料は、いずれも法人XがA町に対して人材を派遣するという役務の提供に対する対価であり、課税資産の譲渡等の対価に該当します。

第2章　課否判定　　107

〔26〕　会計参与の報酬

事　例　　私は税理士であり、クライアントの会計参与に就任しています。これまで会計参与の報酬は役員給与と認識し、消費税の課税対象外の収入としてきました。今般、税理士法人を設立し、今後は、会計参与の報酬は税理士法人において受けることとなりますが、税理士法人においても課税対象外の収入としてよいでしょうか。

判断のポイント

　会計参与の報酬は法人税法上役員給与に該当し、公認会計士又は税理士が受ける場合は課税対象外です。監査法人又は税理士法人が受ける場合は、課税資産の譲渡等となります。

解　説

1　会計参与

　会計参与は、取締役に並ぶ株式会社の機関であり（会社326②）、会計参与を置く株式会社を「会計参与設置会社」と規定しています。会計参与は、取締役と共同して、計算書類及びその附属明細書等を作成し、会計参与報告を作成します（会社374①）。

　ただし、取締役の職務の執行に関し不正の行為や法令又は定款に違反する重大な事実があることを発見した場合には報告の義務があり（会社375）、計算書類の作成に関して会計参与が取締役と意見を異にするときは、株主総会において意見を述べることができるなど、取締役とは独立した立場とされており、株式会社の計算書類の記載の正確さに対する信頼を高める役割を担っています。

会計参与は、公認会計士、監査法人、税理士又は税理士法人のいずれかでなければならず、これらであっても次に該当する者は会計参与となることができません（会社333①③）。

① 株式会社又はその子会社の取締役、監査役若しくは執行役又は支配人その他の使用人

② 業務の停止の処分を受け、その停止の期間を経過しない者

③ 税理士法43条の規定により他士業の懲戒処分を受け税理士業務を行うことができない者

なお、監査法人又は税理士法人が会計参与となった場合には、監査法人又は税理士法人は、その社員の中から会計参与の職務を行うべき者を選定し、これを株式会社に通知することとされています（会社333②）。

法人税法における役員には会計参与が含まれ（法税2十五）、株式会社が会計参与に支払う報酬は、役員給与に関する定めに服することになります。

2 会計参与が公認会計士又は税理士である場合

所得税は、個人を納税主体とする税ですから、役務の提供を行った者が個人である場合には、役務の提供について課税仕入れに該当するかどうかを判定する場合には、まず、その役務の提供を行った者において、その対価の額が、所得税法上、給与所得の収入金額に該当するものであるかどうかを確認しなければなりません。

上述のとおり、会計参与の報酬は、法人税法上役員給与に該当し、その支払を受ける者が個人である場合には、所得税法上、給与所得の収入金額となります。

したがって、公認会計士又は税理士が受ける会計参与の報酬について、消費税の課税関係は生じません。

3 会計参与が監査法人又は税理士法人である場合

会計参与が監査法人又は税理士法人である場合には、その報酬が給与を対価とする役務の提供に該当することはありません。監査法人及び税理士法人は、所得税の納税主体ではないからです。

法人が行う行為は、全て「事業として」行われるものに該当します（消基通5－1－1（注）2）。会計参与として役務を提供しその対価を得る行為が国内において行われていますから、その役務の提供は、課税の対象となります。また、会計参与としての役務の提供は、非課税資産の譲渡等に該当するものではなく、輸出免税の対象となるものでもありません。

したがって、税理士法人が受ける会計参与の報酬は、それが法人税法上、役員給与に該当するとしても、消費税においては、事業者が国内において行った課税資産の譲渡等の対価として課税の対象になります。

〔27〕 料理長として勤務するホテルからの業務の請負

事例 　私は、ホテルを経営する法人Ａとの間で雇用契約を締結し、ホテルレストランの料理長として勤務し、メニューの考案、価格の決定、材料の選定・発注・在庫管理及び調理などをして給与を得ています。

　この度、法人Ａから、調理場において勤務する料理人の確保を含めて調理場の運営を委託したいと、打診がありました。委託の内容は、おおむね次のとおりです。

① 　法人Ａは、私に対して定額の調理場委託料を支払う。

② 　雇い入れる料理人は私が確保し、法人Ａは料理人の採否の決定に関与しない。

③ 　料理人への指示、出勤状況の管理等は私が行い、法人Ａへの報告の必要はない。

④ 　各料理人への給料は、私が委託料の中から支払い、その金額につき法人Ａへの報告の必要はない。

　従来、ホテルの料理長は、調理場における絶対的な存在であり、料理人の採否についても強い発言力をもつ職種です。したがって、この調理場委託料は、料理長としての特別業務に対する給与の割増しと考えていますが、よろしいでしょうか。

判断のポイント

　あなたは、法人から定額の委託料を受け取って、自己の判断で料理人を雇い入れて指揮監督し、自己の計算において給与を支払うのですから、その業務は、独立の立場で、反復、継続して、調理場を運営する業務であるといえるでしょう。

【参照】平成29年２月９日裁決（TAINSコードＦ０－５－179）

第2章　課否判定　　111

解　説

1　消費税法上の事業の意義

　消費税法は、課税対象は「国内において事業者が行った資産の譲渡等」であること（消税4①）、「資産の譲渡等」とは「事業として対価を得て行われる資産の譲渡及び貸付け並びに役務の提供」であること（消税2①八）、「事業者」とは「個人事業者及び法人」であること（消税2①四）、また、「個人事業者」とは、「事業を行う個人」であること（消税2①三）をそれぞれ定めていますが、「事業」自体の一般的な定義規定を置いていません。

　そこで、消費税法上の事業の意義については、消費税法の制定趣旨及び目的等に照らして解釈すべきこととなります。

　消費税は、消費支出に現れる経済的な負担能力に応じ広く負担を求めるものであり、消費一般につき、価格を通して最終的に消費者に転嫁されることを予定し、消費に至るまでの各段階に課税するものです。このような趣旨に鑑みると、消費税の課税の対象は、物品やサービスの提供者において実質的に消費者に税負担を転嫁し得るようなものであると考えるべきでしょう。

　したがって、消費税の課税の対象の判断を行う場合の事業とは、対価を得て行われる資産の譲渡及び貸付け並びに役務の提供を、独立の立場で、反復、継続して行うことをいうものと解され、消費税法基本通達5－1－1においても、「『事業として』とは、対価を得て行われる資産の譲渡及び貸付け並びに役務の提供が反復、継続、独立して行われることをいう。」と確認されています。

　また、個人事業者と給与所得者の区分については、消費税法基本通達1－1－1において、次のように示されています。

第２章　課否判定

　　事業者とは自己の計算において独立して事業を行う者をいうから、個人が雇用契約又はこれに準ずる契約に基づき他の者に従属し、かつ、当該他の者の計算により行われる事業に役務を提供する場合は、事業に該当しないのであるから留意する。したがって、出来高払の給与を対価とする役務の提供は事業に該当せず、また、請負による報酬を対価とする役務の提供は事業に該当するが、支払を受けた役務の提供の対価が出来高払の給与であるか請負による報酬であるかの区分については、雇用契約又はこれに準ずる契約に基づく対価であるかどうかによるのであるから留意する。この場合において、その区分が明らかでないときは、例えば、次の事項を総合勘案して判定するものとする。
（１）　その契約に係る役務の提供の内容が他人の代替を容れるかどうか。
（２）　役務の提供に当たり事業者の指揮監督を受けるかどうか。
（３）　まだ引渡しを了しない完成品が不可抗力のため滅失した場合等においても、当該個人が権利として既に提供した役務に係る報酬の請求をなすことができるかどうか。
（４）　役務の提供に係る材料又は用具等を供与されているかどうか。

２　調理場委託料の判断

　あなたは法人Ａとの間において料理長として勤務する雇用契約を締結していますが、この度は新たに調理場運営の委託（以下、「運営委託」といいます。）を受けて調理場委託料を受領することになります。

　その運営委託の内容は、あなたの判断において、料理人を確保して支払う給与の額を決定し、出勤状況の管理等を行い、法人Ａから受ける調理場委託料の中からあなたが給与を支払い、その給与の額のいかんにかかわらず調理場委託料の額は定額であり変動しません。

　法人Ａは、料理人の採否の決定に関与しておらず、料理人の人数も給与の額も把握せず、各料理人の出勤状況についても報告を受けることがありません。

第2章　課否判定　　113

　あなたは、法人から定額の委託料を受け取って、自己の判断で料理
人を雇い入れて指揮監督し、自己の計算において給与を支払うのです
から、その業務は、独立の立場で、反復、継続して、調理場を運営す
る業務であるといえるでしょう。

　従来、料理長という職種が調理場で大きな権限を持つ特別なもので
あったとしても、あなたが運営委託を受けて受領する調理場委託料は、
雇用契約に基づく労務の提供の対価ではなく、消費税法上の「事業」
の対価であると考えられます。

〔28〕 税理士が専門学校から受ける講師料

事 例 私は、税理士登録をし、税理士業務を行う個人事業者であり、専門学校で「税理士試験講座」の講師をしています。専門学校からは報酬の支払調書が交付されることから、課税売上げとして申告してきました。しかし、この講師料は給料ではないかと疑問を持っています。

講師業務の実態は、次のとおりです。

① 講師契約は、約１年の講座開設期間ごとに締結する。

② 講師業務の内容は、１回につき２時間30分の講義（週５時間）と、任意の時間・場所で行う添削指導、講義内容に関する質問応答等に限られている。

③ 講義は、専門学校のカリキュラムに従い、専門学校から支給された講義資料や板書用レジュメを使用し、本校の専任講師による講義のDVDを予習することが義務付けられ、ほぼ同様の内容で行うことが求められている。

④ 月例試験の添削は専門学校から与えられた模範解答に基づいて採点し、質問応答は必要に応じ本校専任講師の指導を受けて実施する。

⑤ 講師料は、契約更新ごとに講師と専門学校が協議して、講義１回当たりの金額として定められており、講義時間外に行う添削業務や受講生の質問への応答などの作業に対して別途対価が支払われることはない。

これらの実態からすると、講師業務は専門学校の指揮監督を受けるものであり、雇用契約又はこれに準ずる契約であると考えられるのではないでしょうか。

第2章　課否判定　　115

判断のポイント

　当事者間の合意内容と取引の実態により、判断することになります。

【参照】鹿児島地裁平成23年3月15日判決（税務訴訟資料261号－51（順号11641）、
　　　　TAINSコードZ261－11641）

解　説

1　事業該当性の判断基準

　消費税法における事業該当性の判断は、課税実務の法的安定性や納税者の予測可能性の観点から、原則として、その取引の契約類型や形式から客観的に判断されるのであり、契約が契約当事者双方の意思の合致により成立するものである以上、契約類型の判定に当たっては、当事者間における認識及び取扱いが重要な判断要素となります。

　したがって、役務の提供の事業該当性は、その役務が請負や委任に類する契約に基づいて提供されたものである場合には肯定され、雇用に類する契約に基づいて提供されたものである場合には否定されることになります。

　ただし、当事者双方がその契約を請負若しくは委任として扱っていたとしても、その取引の実態が、役務の提供者が受領者の直接的な指揮命令下において一定時間役務を提供するようなものであり、いかなる意味でも税負担を転嫁する余地がないといえるようなものである場合には、形式的な取扱いのいかんにかかわらず、雇用に類する契約とみて事業ではないと判断するべきでしょう。

　このような趣旨から、消費税法基本通達5－1－1は、「事業として」の意義を「対価を得て行われる資産の譲渡及び貸付け並びに役務の提供が反復、継続、独立して行われることをいう。」とし、消費税法基本

通達1－1－1は、事業該当性判断の考慮要素を次のように示しています。

> （1）　その契約に係る役務の提供の内容が他人の代替を容れるかどうか。
> （2）　役務の提供に当たり事業者の指揮監督を受けるかどうか。
> （3）　まだ引渡しを了しない完成品が不可抗力のため滅失した場合等においても、当該個人が権利として既に提供した役務に係る報酬の請求をなすことができるかどうか。
> （4）　役務の提供に係る材料又は用具等を供与されているかどうか。

2　講師業務の事業該当性

　ご質問の場合、報酬等の支払調書が交付されていることから、専門学校が、講師料を給与ではなく請負契約に基づく報酬として処理していることは明らかであり、あなた自身も講師料を課税資産の譲渡等に含めて確定申告をしています。

　したがって、当事者間においては請負や委任に類する契約として認識、処理されていたものといえ、契約当事者の意思を形式的にみる限り、請負や委任に類する契約であるといえます。

　ただし、その取引の実態が、専門学校の直接的な指揮命令下において一定時間の役務を提供し、その対価として講師料を得るようなものである場合には、当事者間での形式的な取扱いにかかわらず、雇用に類する契約であるとみるべきでしょう。

　そこで、ご質問に示された事実を確認してみると、専門学校のカリキュラムに従い、専門学校から支給された講義資料や板書用レジュメを使用し、本校の専任講師による講義のDVDを予習することが義務付けられ、ほぼ同様の内容で行うことが求められているなど、講師に与えられる裁量の幅は限られているといえます。ただし、一定のカリ

第2章　課否判定　　117

キュラムの設定や共通教材の使用は、資格講座という役務の性質上当
然に予定されているのであって、裁量の幅が限定されていることから
直ちに直接的な指揮命令関係が認められるわけではありません。

　また、1講座当たりの拘束時間は週5時間と比較的短時間であり、
約1年の講座開設期間ごとの契約であることなどからすると、講師業
務は他の職に就いている者が副業的に行うことが予定されており、と
りわけ本業として税理士業務を行っている場合などは、講師業務を引
き受けるか否か、引き受けるとしてもどのような条件の下で引き受け
るかについて、講師側の選択の自由度が比較的高いと考えられます。

　その上で、講師料については、1回の講義につき単価が定められ、
添削指導や講義内容に関する質問応答等には別途報酬の支払がありま
せんから、この講師料は、一定時間の役務の提供に対する対価という
よりは、準備や指導に要する時間も含めた1回の講義を単位として支
払われる対価というべきでしょう。そして、講師料は、講師と専門学
校との交渉により契約ごとに定められるものであって、講師は、税理
士であること、受講者からの評判や実績等によって価格交渉をする機
会を有しています。

　このような事実からすると、当事者間での形式的な取扱いにかかわ
らず、雇用に類する契約であるとみるべき事情がある、とまでは認め
られないと考えられます。

3　大学の非常勤講師

　他方、大学から得た非常勤講師料について、給与所得と判断した事
例もあります。大阪高裁昭和57年11月18日判決（確定）（税務訴訟資料
128号453頁）は、
・大学は、大学が必要と認めた学科目について、委嘱の期間、担当日、
　担当時間数を定めて原告にその学科目の講義を委嘱している

・大学が定めたカリキュラムの一部である特定の学科目について、週のうちの特定の時限に特定の場所で、ある程度長期にわたり継続して、講義を実施すべき義務を負っている

・講義の内容については大学側から細部まで拘束されるものではないが、大学のカリキュラムを実施する教員組織の構成員として、そのカリキュラムに示された大綱に従うべき義務を有する

等の事実から、大学の一般的指揮監督に服するものであり、その報酬は、非独立的に提供される労務の対価たるもので、その労務の提供が自己の危険と計算によらず、他人の指揮監督ないしは教員組織の構成員としてその支配に服してなされるものとして、給与所得に該当すると判断しました。

　また、大阪地裁平成22年3月12日判決（税務訴訟資料260号－39（順号11395））（平成23年4月7日最高裁決定により確定）は、

・担当科目について指定される

・授業を行う曜日及び時間並びに利用施設について指定されている

・指定された特定の曜日及び時間並びに場所において、指定された科目について、各セメスターについて講義を行う義務を負っている

・出講の際には出勤簿に捺印しなければならないなどその出講状況等が管理されている

・服務に当たっては「開講案内」や非常勤講師規程に従うことが要請されている

等の事実から、非常勤講師として学校法人から空間的、時間的な拘束を受けた上、その内容についても指定されるなど、学校法人の指揮命令の下において継続的ないし断続的にその役務を提供していた、として給与所得であると判断しています。

第2章　課否判定　　　　119

第3　内外判定

〔29〕　日本以外の2か国で登録されている特許権の譲渡

> 事　例　　国内に本店を有する法人Ｘは、外国2か国で登録
> した特許権を現地の外国法人Ｙに譲渡しました。
>
> この特許権は日本での登録はなく、また売却先も外国法人であ
> ることから、その譲渡は国外取引に当たり、納付すべき消費税の
> 計算には関係ないと考えていますが、よろしいでしょうか。

判断のポイント

複数国で登録する特許権の譲渡に係る内外判定の基準は、登録
をした国ではなく、譲渡を行う者の住所地（法人については本店
所在地）となります。

解　説

1　資産の譲渡又は貸付けに係る内外判定

消費税は、国内において事業者が行った資産の譲渡等（特定資産の
譲渡等を除きます。）及び特定仕入れを課税の対象としています（消税
4①）。

資産の譲渡等が国内において行われたかどうかの判定は、その取引
が資産の譲渡又は貸付けである場合には、原則として、その譲渡又は
貸付けが行われる時においてその資産が所在していた場所が国内にあ
るかどうかにより行うこととなります（消税4③一）。

ただし、航空機、鉱業権、特許権、著作権、国債証券、株券その他

その所在していた場所が明らかでない資産については、消費税法施行令6条1項各号において、次のとおり、個別にその判定すべき場所が定められています。

	区　分		判定場所
1号 〜 3号	船舶又は航空機		登録を受けたものは登録をした機関の所在地 登録を受けていないものはその譲渡又は貸付けを行う者のその譲渡又は貸付けに係る事務所等の所在地
4号	鉱業権、租鉱権、採石権等		鉱区、租鉱区、採石場の所在地
5号	特許権、実用新案権、意匠権、商標権、回路配置利用権、育成者権		権利の登録をした機関の所在地（複数の国において登録をしている場合には、これらの権利の譲渡又は貸付けを行う者の住所地）
6号	公共施設等運営権、漁港水面施設運営権		公共施設等又は漁港水面施設運営権に係る漁港の所在地
7号	著作権等		著作権等の譲渡又は貸付けを行う者の住所地
8号	営業権、漁業権、入漁権		これらの権利に係る事業を行う者の住所地
9号	振替機関等が取り扱う有価証券等		振替機関等の所在地
	振替機関が取り扱うものでないもの有価証券等	券面のあるもの	その有価証券等が所在していた場所
		券面のないもの	その有価証券等に係る法人の本店等の所在地
	登録国債		登録国債の登録をした機関の所在地

	合同会社、合名会社、合資会社の持ち分	その持分に係る法人の本店所在地
	金銭債権	その金銭債権に係る債権者の譲渡に係る事務所等の所在地
	ゴルフ会員権債権等	ゴルフ場等の所在地
10号	上記以外の資産でその所在していた場所が明らかでないもの	その資産の譲渡又は貸付けを行う者のその譲渡又は貸付けに係る事務所等の所在地

2　特許権の譲渡に係る内外判定

　特許権の譲渡は、その権利の登録をした機関の所在地が国内にあるかどうかにより判定することとなりますが、同一の権利について2以上の国において登録をしている場合には、その特許権の譲渡を行う者の住所地（法人については本店所在地）が国内であれば国内取引に該当することとなります（消税令6①五）。

　法人Xは国内に本店を有する内国法人ですから、たとえ日本において登録されていなくても、2以上の国において登録をしている特許権を譲渡した場合には、その特許権の譲渡は、国内取引となり、消費税の課税の対象となります。

　また、譲渡を受ける者が外国法人であるとのことですが、取引の内外判定については、譲渡を受ける者が誰であるかは関係ありません。

3　特許権の譲渡に係る輸出免税の判定

　消費税の課税が免除される取引として、消費税法7条1項1号は、「本邦からの輸出として行われる資産の譲渡又は貸付け」（輸出取引）を掲げ、2号から5号には、「外国貨物の譲渡又は貸付け」、「国内及び

国内以外の地域にわたって行われる旅客若しくは貨物の輸送又は通信」等、輸出類似取引に該当するものが示されています。

また、消費税法7条1項5号の委任を受けた消費税法施行令17条2項6号は、次に掲げる資産の譲渡又は貸付けで非居住者に対して行われるものを輸出類似取引に該当するものとしています。

① 鉱業権、租鉱権、採石権等

② 特許権、実用新案権、意匠権、商標権、回路配置利用権又は育成者権等

③ 公共施設等運営権、漁港水面施設運営権

④ 著作権等

⑤ 営業権、漁業権、入漁権

非居住者とは外国為替及び外国貿易法6条1項6号に規定する非居住者であり、外国法人は非居住者となります。

したがって、法人Xが外国法人Yに対して行った特許権の譲渡は、非居住者に対して行ったものであることにつき証明することを要件に、輸出免税の取扱いを受けることとなります（消税7②）。

この証明は、次の事項が記載された相手方との契約書等の書類を、その課税資産の譲渡等を行った日の属する課税期間の末日の翌日から2か月を経過した日から7年間、納税地又はその取引に係る事務所等の所在地に保存することによります（消税規5①四）。

イ 資産の譲渡等を行った事業者の氏名又は名称及びその取引に係る住所等

ロ 資産の譲渡等を行った年月日

ハ 資産の譲渡等に係る資産の内容

ニ 資産の譲渡等の対価の額

ホ 資産の譲渡等の相手方の氏名又は名称及びその取引に係る住所等

第2章　課否判定　　123

〔30〕　国外にて行われるカーレースのスポンサー契約

事　例　　当社は、国内に本店事務所を置く法人であり、国外で催されるカーレースに参戦することを条件にスポンサー契約を締結しました。具体的には、次のような役務の提供を行うことを約して、400万ドルを受領しています。

① 　国内外で開催されるカーレースへ参戦する

② 　ドライバーの管理及びマネジメント業務を行う

③ 　レースにおいて使用されるレーシングカー、ドライバースーツ、ヘルメットその等にスポンサー指定のステッカー又はワッペンを貼付する

④ 　スポンサーが国内外で開催する講演、デモンストレーション走行、その他プロモーションイベントに協力する

なお、当社は、国内に本店事務所の他カート事務所及び工場を有し、レースへの参戦についてはアメリカのH社とのレースオペレーション契約に基づいて同社により行われています。

このスポンサー契約において当社が行う役務の提供は、国外取引として消費税の課税対象外と判断してよいでしょうか。

判断のポイント

国内外の地域にわたって行われる役務の提供のうち、その対価の額が国内の役務に対応するものと国外の地域の役務に対応するものとに合理的に区分されていないものの内外判定の基準は、その役務の提供に係る事務所等の所在地によることとなります。

【参照】東京地裁平成22年10月13日判決（税務訴訟資料260号－177（順号11533）、
　　　　TAINSコードZ260－11533）

解　説

1　役務の提供に係る内外判定

　消費税法4条3項2号は、国内取引の判定について、「役務の提供」は、「電気通信利用役務の提供」を除いて、その役務の提供が行われた場所が国内にあるかどうかにより行うものとしています。

　ただし、その役務の提供が運輸、通信その他国内及び国内以外の地域にわたって行われるものである場合等については、消費税法施行令6条2項各号において、次のとおり個別にその判定すべき場所が定められています。

	区　分	判定場所
1号	国内及び国内以外の地域にわたって行われる旅客又は貨物の輸送	出発地若しくは発送地又は到着地
2号	国内及び国内以外の地域にわたって行われる通信	発信地又は受信地
3号	国内及び国内以外の地域にわたって行われる郵便又は信書便	差出地又は配達地
4号	保険	保険に係る事業を営む者の保険の契約の締結に係る事務所等の所在地
5号	専門的な科学技術に関する知識を必要とする調査、企画、立案、助言、監督又は検査に係る役務の提供で次に掲げるものの建設又は製造に関するもの イ　建物又は構築物 ロ　鉱工業生産施設、発電及び送電施設、鉄道、道路、港湾設備	その生産設備等の建設又は製造に必要な資材の大部分が調達される場所

		その他の運輸施設又は漁業生産施設 ハ イ又はロに掲げるものに準ずるもの財務省令で定めるもの	
6号		上記に掲げる役務の提供以外のもので国内及び国内以外の地域にわたって行われる役務の提供その他の役務の提供が行われた場所が明らかでないもの	役務の提供を行う者の役務の提供に係る事務所等の所在地

（1） 消費税法施行令6条2項6号の趣旨

消費税法施行令6条2項6号の趣旨は、役務の提供が国内及び国内以外の地域にわたって行われる場合には、役務の提供場所の把握が事実上極めて困難であることに鑑み、国内に事務所等の物理的な存在のある事業者についてのみ課税を行うことで課税上の便宜及び明確化を図ったものと解されます。

（2） 対価の額が区分されている場合

国内及び国内以外の地域にわたって行われる役務の提供であっても、その役務の現実的な提供場所が国内と国内以外の地域とに区分することができ、かつ、対価の額が国内の役務に対応するものと国内以外の地域の役務に対応するものとに合理的に区分されるものは、国内の役務に対応する対価の額をもって消費税等の課税標準を定めることが可能ですから、「国内及び国内以外の地域にわたって行われる役務の提供その他の役務の提供」には当たらないものと解されます。

（3） 対価の額が区分されていない場合

他方、国内及び国内以外の地域にわたって行われる役務の提供のうち、役務の提供に係る対価の額が国内の役務に対応するものと国内以

外の地域の役務に対応するものとに合理的に区分されていないものについては、その役務の現実的な提供場所が国内と国内以外の地域とに区分することができたとしても、対価の額に対応する役務の提供場所の特定ができないから、消費税法施行令6条2項6号の趣旨が当てはまるものといえます。

したがって、「国内及び国内以外の地域にわたって行われる役務の提供」とは、役務の提供が国内と国外との間で連続して行われるもののほか、同一の者に対して行われる役務の提供で役務の提供場所が国内及び国内以外の地域にわたって行われるもののうち、その対価の額が国内の役務に対応するものと国内以外の地域の役務に対応するものとに合理的に区別されていないものをいうと解するべきでしょう（消基通5－7－15後段）。

2　スポンサー契約の内容

スポンサー契約において、貴社の義務は、レースへの参戦以外にも、出資者が期待を寄せる宣伝効果がより高くかつレース参戦時以外においても持続するような内容とされており、レース参戦に限定されていると評価することはできません。ドライバーの管理及びマネジメント業務、その他宣伝活動を行うものであり、それに対し一括して対価の額が定められており、国内を提供場所とする役務の対価と国内以外の場所を提供場所とする役務の対価とに合理的に区別できるものではありません。

したがって、貴社がスポンサー契約において負担した役務の提供は、消費税法施行令6条2項6号に規定する「国内及び国内以外の地域にわたって行われる役務の提供」に当たると解されます。

第2章 課否判定

3 事務所等の所在地

そうすると、内外判定の場所は、スポンサー契約における貴社の役務の提供に係る事務所等の所在地によることとなります(消税令6②六)が、ここにいう「事務所等」とは、役務の提供に直接関連する事業活動を行う施設をいうものと解され、その所在地をもって、役務の提供場所に代わる課税対象となるか否かの管轄の基準としている趣旨からすれば、その役務の提供の管理・支配を行うことを前提とした事務所等がこれに当たると解されます。

上記のとおり、スポンサー契約において貴社が負担した役務の提供はレース参戦に尽きるものではなく、ドライバーの管理及びマネジメント業務その他の宣伝活動であるところ、貴社は、国内に本店事務所、カート事務所及び工場を有する一方、レースについてはアメリカのH社とのレースオペレーション契約に基づいて専ら同社により行われていることから、貴社が行う役務の提供に係る事務所等に当たるのは貴社の本店事務所であると認められます。

したがって、貴社が締結したスポンサー契約において行う役務の提供は、国内及び国内以外の地域にわたって行われる役務の提供に当たり、その役務の提供を行う者の役務の提供に係る事務所等は、日本国内に存在すると認められるため、国内において事業者が行った資産の譲渡等に当たり、消費税の課税対象となります。

第2節　非課税取引

〔31〕　1か月未満の期間の土地の貸付け

事　例　当社は、工場の移転を行ったため、旧工場を取り壊し、その敷地は更地として整地しましたが未使用のままとなっていました。この度、近隣の建設工事に係る工事車両の臨時駐車場として使用したいという法人Cの申出を受け、この土地を貸し付けることになりました。

契約に定められた貸付期間は2か月ですが、3週間経過したところで、法人Cより、工事の都合が変わったので、契約を打ち切りたいと連絡があり、これを了承しました。結果的に賃料は、日割りで25日分しか受け取ることができなかったのですが、この土地の貸付けは、非課税となりますか。

判断のポイント

土地の貸付期間が1か月以上であるかどうかは、契約の定めにより判断します。

解　説

1　土地の譲渡及び貸付け

土地の譲渡及び貸付けは、原則として非課税取引です。ただし、土地の貸付けに係る期間が1か月に満たない場合及び駐車場その他の施設の利用に伴って土地が使用される場合には、非課税の対象から除かれます（消税6①・別表第2一、消税令8）。

土地の譲渡が非課税とされる理由は、土地は使用や時間の経過によって摩耗ないし消耗するものではなく、土地そのものの消費を観念す

第2章　課否判定　　129

ることができず、したがって、土地の譲渡は単なる資本の振替又は移転であって財を消費する行為には当たらず、消費に税の負担を求めるという消費税の趣旨からすると、これに課税することが適当でないと考えられるからです。

　また、土地の貸付けは、その期間が長期に及ぶことが多く、土地の譲渡とのバランスをとる必要があるなどの理由から非課税とされています。したがって、土地の一時的な貸付けについては、土地の譲渡とのバランスを考慮する意味合いが薄く、他の物品の貸付けと格別に区別する必要もないことから非課税の範囲から除かれているものと考えられ、その判断基準として、消費税法施行令8条は、「土地の貸付けに係る期間が1月に満たない場合」と定めています。

2　2か月間の契約の貸付けを3週間で解約した場合

　そして、「土地の貸付けに係る期間が1月に満たない場合」に該当するかどうかは、その土地の貸付けに係る契約において定められた貸付期間によって判定するものとされています（消基通6-1-4）。

　貴社が行う土地の貸付けは、契約に定められた期間が1か月以上であるため非課税となります。工事の都合により、結果的に1か月未満の貸付けとなったとしても、それによって事後的に課税取引となるものではありません。

　ところで、土地の賃貸借契約を締結する場合には、後の紛争を防止する等の目的で、当事者が合意した契約の内容を明確にするために契約書が作成されます。したがって、通常、契約に定められた貸付期間は、契約書の表示を確認することで明らかになります。ただし、契約当事者が、脱税の目的等のために通謀して故意に実体と異なる内容を契約書に表示したなどの特段の事情が認められる場合には、当然に、その契約書の表示にかかわらず、実際の契約内容により判断することになります。

130　　第2章　課否判定

〔32〕　駐車場利用に伴う土地の貸付け

事　例　私は、整地した土地に駐車場であることを示す看板を設置し、「賃借人は契約車両の駐車のためにのみ使用することができる」との約定で土地を賃貸し、賃料収入を得ています。

　土地を分割して貸し付けるため、ロープ又は白線及び番号が記載されたコンクリートブロックや番号札により、車両が駐車するための区画割りをしており、これらを維持するためにわずかながら修繕費を計上しています。

　土地が「施設」の利用に伴って使用される場合にはその土地の貸付けは非課税になりませんが、それは、土地ではなく施設そのものに利用価値があるようなものを指し、土地の利用がその施設を利用するための道具と評価されるような施設を伴ったものである必要があるでしょう。

　私が賃貸する土地には、立体駐車場、屋根やシャッター付き建物があるわけではなく、土地を分割して貸すために最低限必要なロープや番号札は、「施設」には当たりません。したがって、土地そのものの貸付けと異なるところはなく、非課税であると考えています。

判断のポイント

　ロープ又は白線及び番号が記載されたコンクリートブロックや番号札により各車両が駐車するための区画割りがされているなど、駐車場としての用途に応じた土地の整備をして行う駐車場の貸付けは、施設の利用に伴って土地が使用される場合に該当し、

第2章　課否判定　　131

非課税となる土地の貸付けに該当しません。

【参照】大阪地裁平成28年2月25日判決（税務訴訟資料266号－30（順号12808）、
　　　　TAINSコードZ266－12808）、大阪高裁平成28年7月28日判決（税務訴訟
　　　　資料266号－115（順号12893）、TAINSコードZ266－12893）、最高裁平成
　　　　29年1月19日決定（税務訴訟資料267号－8（順号12957）、TAINSコー
　　　　ドZ267－12957）

解　説

1　土地の譲渡及び貸付けの非課税

　消費税法6条1項は、「国内において行われる資産の譲渡等のうち、
法別表第2に掲げるものには消費税を課さない。」旨を定め、別表第2
の1号では、「土地（土地の上に存する権利を含む。）の譲渡及び貸付
け（一時的に使用させる場合その他の政令で定める場合を除く。）」が
非課税取引として挙げられています。

　消費税法施行令8条は、法別表第2の1号に規定する政令で定める
場合として、土地の貸付けに係る期間が1か月に満たない場合及び駐
車場その他の施設の利用に伴って土地が使用される場合とする旨を定
めています。

　また、消費税法基本通達6－1－5は、例えば、建物、野球場、プ
ール又はテニスコート等の施設の利用が土地の使用を伴うことになる
としても、その土地の使用は、土地の貸付けに含まれないとし、そし
て、その注1においては、「事業者が駐車場又は駐輪場として土地を利
用させた場合において、その土地につき駐車場又は駐輪場としての用
途に応じる地面の整備又はフェンス、区画、建物の設置等をしていな
いとき（駐車又は駐輪に係る車両又は自転車の管理をしている場合を
除く。）は、その土地の使用は、土地の貸付けに含まれる。」としてい
ます。

土地の貸付けは、消費そのものではなく、単なる資本の振替又は移転であると考えられます。消費税法が土地の貸付けを非課税取引としている趣旨は、土地は使用や時間の経過によって摩耗ないし消耗するものではなく、土地そのものの消費を観念することができないことから、消費に負担を求める税である消費税を課する対象から除外するというものです。

このような趣旨に鑑みれば、土地の使用を伴う取引であっても、駐車場という施設の利用に伴って土地が使用される場合には、駐車場という施設の貸付け又は車両の管理という役務の提供について消費を観念することができるので、単なる土地の貸付けと同列に論じることはできず、消費税の課税対象とすることが合理的であると考えられ、このような観点から、消費税法施行令8条は、土地の貸付けにつき、駐車場その他の施設の利用に伴って土地が使用される場合を消費税の課税対象として定めています。

したがって、土地の貸付けであっても、それが駐車場という施設の利用に伴って土地が使用されるものであれば、非課税取引には当たらず、消費税の課税対象となります。

2 駐車場用に整備された土地の貸付け

あなたが行った土地の貸付けに係る契約においては、「賃借人は契約車両の駐車のためにのみ使用することができる」と約定されており、土地の出入口には駐車場であることを示す看板が設置され、土地は地面が平坦に整地され、ロープ又は白線及び番号が記載されたコンクリートブロックや番号札により各車両が駐車するための区画割りがされているなど、駐車場としての用途に応じた土地の整備がされています。また、駐車場として賃貸するために修繕を行い、そのために費用を支出しています。

第2章　課否判定　　133

　これらによれば、あなたは、土地を更地として貸し付けていたものではなく、駐車場として賃借人に賃貸していたものであり、その土地の貸付けは、駐車場としての利用に伴って本件各土地を賃借人に使用させるものであったと認められ、非課税にはなりません。

　あなたは、消費税法施行令8条にいう「施設」とは、土地ではなく施設そのものに利用価値があるようなものを指し、土地の利用がその施設を利用するための道具と評価されるような施設を伴ったものである必要があると考えておられるようです。駐車場としての設備の種類や程度は様々なものが想定されますが、消費税法基本通達6－1－5は、その注1において、「駐車場としての用途に応じる地面の整備又はフェンス、区画、建物の設置等」としており、立体駐車場やシャッター付き車庫といったものに限られるとは解されていません。

　また、土地を分割して貸すために最低限必要なロープや番号札があるだけで、土地そのものの貸付けと異なるところはないと主張されていますが、上述のとおり、土地の整地、区画割りのためのブロックやロープ等の設置は、駐車場としての施設であると考えられています。

〔33〕 コインパーキングを経営する法人に対する土地の貸付け

事例 　私は、アスファルト舗装及び駐車のための車室ラインを設置し、従来、駐車場として賃貸していた土地について、法人Ａとの間で、賃貸借契約を締結しました。契約書には、次の定めがあります。

① 　法人Ａがコイン式無人時間貸駐車機器、土地の周囲のフェンス、看板類その他時間貸し駐車場の運営上必要となるものの設置をして、時間貸し駐車場として使用することを承諾する。

② 　契約が終了する場合、法人Ａは、アスファルト舗装及び車室ラインは、契約開始の時の状態にて明け渡すものとする。

　アスファルト舗装については、従来、減価償却資産としていましたので引き続き所得税青色申告決算書において減価償却費を計上しています。

　土地の貸付けが課税取引となるか否かは、その貸付けが土地における施設を利用するものとして消費の性格を有するか否かによって判断すべきであると考えます。アスファルト舗装は、大都市中心部というこの土地の所在地の特性からすれば当然に設置される施設であり、土地の時価と設備との価値の差は比較にならないほど大きく、賃料のうち、設備の利用に対する対価として観念できる部分はほとんどなく、消費としての実質はありません。

　また、この契約は、土地の所有者が自らその土地を駐車場として利用者に貸し付けて利用料を収受するものではなく、駐車場利用者から利用料を収受する者に対して土地を一括して貸し付けています。

　したがって、この土地の貸付けは非課税と考えています。

第2章　課否判定　　135

判断のポイント

　賃借人がコイン式無人時間貸駐車機器を設置する場合であって
も、アスファルト舗装をした駐車場の貸付けは、施設の利用に伴
って土地が使用される場合に該当し、非課税となる土地の貸付け
に該当しません。

【参照】大阪地裁平成24年7月11日判決（税務訴訟資料262号－147（順号11997）、
　　　　TAINSコードZ262－11997）、大阪高裁平成24年11月29日判決（税務訴訟
　　　　資料262号－252（順号12102）、TAINSコードZ262－12102）、最高裁平成
　　　　25年6月14日決定（税務訴訟資料263号－109（順号12233）、TAINSコー
　　　　ドZ263－12233）

解　説

1　土地の譲渡及び貸付けの非課税

　駐車場その他の施設の利用に伴って土地が使用される場合について
の法令の定め及び通達は、前事例を参照してください。

2　コインパーキングを経営する法人に対する土地の貸付け

　あなたは、アスファルト舗装は、大都市中心部という本件土地の所
在地の特性からすれば当然に設置される施設であり、土地の時価と設
備との価値の差は、比較にならないほど大きく、賃料のうち、設備の
利用に対する対価として観念できる部分はほとんどないとされていま
す。

　確かに、土地の貸付けが課税取引となるか否かは、その貸付けが土
地における施設を利用するものとして消費の性格を有するか否かによ
って判断すべきであると考えられますが、その設備の利用に消費とし
ての性格が認められるか否かは、賃料における設備の利用部分の割合

がどの程度かという観点にとどまらず、契約の目的、設備の性質及び設備の利用状況等も勘案して判断すべきものと解されます。

そこで貸付けの状況を確認すると、あなたは、土地にアスファルト舗装及び駐車のための車室ラインといった駐車場としての設備を設置しており、契約においては、法人Aがその土地を時間貸駐車場として使用することがその目的とされ、アスファルト舗装及び車室ラインについては契約終了時の原状回復義務が定められています。これらの事実に照らせば、法人Aに対してこの土地を引き渡した時点において、土地上に存在した設備は、駐車場として利用可能な機能を有した施設であるということができます。加えて、あなたは、所得税青色申告決算書において、アスファルト舗装について減価償却資産として計上しており、これらの設備が設置された土地の貸付けを単なる資本の振替又は移転にすぎない「土地の貸付け」であるとみることはできません。

したがって、この土地の貸付けは、「駐車場その他の施設の利用に伴って土地が使用される場合」に該当し、課税取引となります。

法人Aは、借り受けた土地に、新たに、コイン式無人時間貸駐車機器、土地の周囲のフェンス、看板類その他時間貸駐車場の運営上必要となるものを設置していますが、そのことは、あなたが行う貸付けの課否判定に影響するものではありません。

また、この契約は、土地の所有者が自らその土地を駐車場として利用者に貸し付けて利用料を収受するものではなく、駐車場利用者から利用料を収受する者に対して土地を一括して貸し付けていることを非課税の理由として挙げられていますが、土地上の施設の利用に消費としての性格が認められるか否かという点において、両者に本質的な差異があるとは考えられず、法令の適用に当たってそのような区別が想定されていると解することはできません。

第2章　課否判定　　137

〔34〕　介護付き有料老人ホーム施設としての建物の貸付け

　　事　例　　建物の賃貸について、介護付き有料老人ホーム施設として使用することが賃貸借契約書において明らかである場合、その賃貸収入は、全額が非課税売上げになりますか。建物の使用の状況は、次のとおりです。

① 　個室及び居間・食堂等…入居者の専用個室や居間、食堂として使用しています。

② 　診療所…医療関係者の診療所として貸し付けており、外部の患者を中心に利用されています。

③ 　会議室…地域住民の交流施設として使用しています。

④ 　事務室…ホームの管理・運営に関する事務を行う職員と介護サービスに関する事務を行う職員が使用しています。

⑤ 　宿直室等…介護職員が夜間に入居者の求めに応じて介護サービスを提供するために宿泊します。

⑥ 　厨房等…入居者に食事の提供等をするために使用しています。

⑦ 　スタッフステーション…介護職員が入居者の介護サービスを行うための詰所です。

⑧ 　会議室前の廊下とトイレ…会議室の利用者、事務室の職員が使用しています。

判断のポイント

　介護付き有料老人ホームは、入居した高齢者が、介護を受けながら日常生活を送る場所であり、建物の内部に設置された介護サ

ービスを提供するための施設は、入居した高齢者が日常生活を送る上で必要不可欠な場所であるというべきであり、住宅に含まれます。

【参照】平成22年6月25日裁決（裁決事例集79集591頁、TAINSコードJ79-6-38）、東京地裁平成28年6月8日判決（平26(ワ)15046号）

解　説

1　住宅の貸付けに係る非課税

　住宅の貸付けは、非課税資産の譲渡等とされています（消税6①・別表第2十三）。

　住宅の貸付けとは、その貸付けに係る契約において人の居住の用に供することが明らかにされている場合又は契約において貸付けに係る用途が明らかにされていない場合にその貸付け等の状況からみて人の居住の用に供されていることが明らかな場合をいい、その貸付けに係る期間が1か月未満である場合及びその貸付けが旅館業法に規定する旅館業に係る施設の貸付けに該当する場合を除きます（消税別表第2十三、消税令16の2）。

　また、住宅とは、人の居住の用に供する家屋又は家屋のうち人の居住の用に供する部分をいい、賃借人が日常生活を送るために必要な場所と認められる部分は、全て住宅に含まれると解されます。

　貸し付けた建物が、入居者の居住の用とそれ以外の用に供されている場合においては、貸付けの対価の額を、日常生活を送るために必要と認められる部分の面積とそれ以外の部分の面積との比により、非課税部分と課税部分に案分することになります。

　なお、住宅用の建物を賃貸する場合において、賃借人が住宅として転貸することが契約書その他において明らかな場合には、その住宅用の建物の貸付け及び賃借人が行う転貸のいずれも住宅の貸付けとなります（消基通6-13-7）。

2 介護付き有料老人ホーム施設としての建物の貸付け

　介護付き有料老人ホームは、入居した高齢者が、入浴、排せつ、食事などに係る介護を受けながら日常生活を送る場所であり、介護付き有料老人ホーム用建物の内部に設置された介護サービスを提供するための施設は、入居した高齢者が日常生活を送る上で必要不可欠な場所であるというべきであり、住宅に含まれることとなります。

　そこで、建物の各部分が、入居者が日常生活を送る上で必要と認められる部分（以下「非課税対象部分」といい、これ以外の部分を「課税対象部分」といいます。）に該当するか否かを判断してみましょう。

① 　個室及び居間・食堂等

　　個室及び居間・食堂等は、入居者が、生活を営む場として使用しており、非課税対象部分となります。

② 　診療所

　　診療所は、入居者の居住の用に供されておらず、また、入居者に介護サービスを提供するための施設にも該当しないことから、課税対象部分となります。

③ 　会議室

　　会議室は、診療所と同様に、入居者の居住の用に供されておらず、また、入居者に介護サービスを提供するための施設にも該当しないことから、課税対象部分となります。

④ 　事務室

　　介護付き有料老人ホームの管理・運営を行う職員が使用する部分は、課税対象部分となります。他方、入居者のための介護サービスに関する事務を行う職員が使用している部分は、入居者が日常生活を送るために必要と認められる部分に該当し、非課税対象部分となります。

両方の職員が使用する事務室は、それぞれの事務に従事する人数の割合で非課税対象部分を算出するのが合理的でしょう。

⑤　宿直室等

宿直室等は、介護職員が夜間に入居者の求めに応じて介護サービスを提供するために宿泊するものであり、入居者が日常生活を送る上で必要な部分と認められることから非課税対象部分となります。

⑥　厨房等

入居者に食事の提供等をするために使用する場所であり、入居者が日常生活を送る上で必要な部分と認められることから非課税対象部分に該当します。

⑦　スタッフステーション等

スタッフステーション等は、介護職員が入居者の介護サービスを行うための詰所として使用するものであり、入居者が日常生活を送る上で必要な部分と認められることから非課税対象部分に該当します。

⑧　会議室前の廊下等

会議室の利用者、事務室の職員が使用する会議室前の廊下等は、介護サービスに関する事務を行う職員の使用については入居者の介護サービスを行うためのものであり、入居者が日常生活を送る上で必要な部分となりますが、会議室の利用者等は一定でないため、建物の非課税対象となる部分の合計面積と課税対象となる部分の合計面積の比で按分するべきでしょう。

3　賃料確認等請求事件

上述のとおり、介護付き有料老人ホーム施設として使用する建物の貸付けは非課税となりますから、その賃料の決定に当たっては、消費税の課税関係を確認しておく必要があります。

第2章　課否判定　　141

　介護施設及び有料老人ホームの賃借について、非課税取引であるに
もかかわらず、契約に錯誤があり、消費税の支払をしていたとして、
賃借人が、賃貸人に対して、消費税相当額の返還を請求した事件の東
京地裁平成28年6月8日判決（平26(ワ)15046号）をご紹介しておきまし
ょう。

（1）　事実の概要

　原告（賃借人）と被告（賃貸人）は、平成22年10月、原告が有料老
人ホーム事業を行うことを目的として、建物につき建物賃貸借契約を
締結しました。賃貸借契約書において、賃料は平成22年11月1日から
発生するものと合意され、その額は「月額700,000円（内消費税等含
む）」、敷金については「2,100,000円（賃料3か月）」と記載され、原
告は、被告に対し、敷金として210万円（＝70万円×3か月分）及び平
成22年11月分賃料から平成26年2月分賃料まで毎月70万円を支払って
きました。

（2）　原告の主張

　原告はおおむね、次のように主張しました。

　有料老人ホームとして使用される建物の賃貸借契約は「住宅の貸付
け」に当たり、消費税は非課税である。しかし、原告は課税されると
誤信していたのであり、もし消費税が非課税であることを知っていた
ならば、賃料本体額66万6,667円、消費税額3万3,333円という内訳で
70万円の賃料を授受する旨の合意はしなかった。したがって、賃料の
合意のうち消費税額3万3,333円分の授受を約した部分は、それにか
かる原告の意思表示が法律行為の要素の錯誤に基づくものであるか
ら、民法95条に基づき無効であるとし、平成22年11月分賃料から平成
26年2月分賃料まで各月3万3,333円ずつ過払いし（過払いの累計額
は133万3,320円）、また、敷金のうち9万9,999円を過払いし、被告は

これらの合計143万3,319円を法律上の原因なく利得し、かつその法律上の原因がないことを知っていたのであるから、143万3,319円の返還及びこれに対する商事法定利率年6分の割合による利息の支払を請求する権利を有している。

（3）　被告の主張

これに対し、被告は、おおむね次のように主張しています。

賃料についての「月額700,000円（内消費税等含む）」という合意は、原被告間で授受する賃料を、消費税の課税の有無や税額にかかわらず70万円とする旨の合意と解すべきである。仮に「月額700,000円（内消費税等含む）」という合意の趣旨を原告の主張のとおり解したとしても、有料老人ホームとして使用する建物の賃料に消費税が非課税であることを原告が知らなかったとは考えられず、原告の主張するような錯誤があるとは考えられない。したがって、本件賃貸借契約の賃料の合意に無効となる部分はない。

（4）　裁判所の判断

裁判所は、「本件賃貸借契約の賃料についての『月額700,000円（内消費税等含む）』という合意は、賃料本体額66万6,667円、消費税額3万3,333円という内訳で70万円の賃料を授受する旨の合意と解するのが相当と当裁判所は判断する」とし、「消費税法6条1項、同法別表第一の13は『住宅の貸付』については消費税が非課税である旨定めているところ、本件賃貸借契約の当初から本件建物は原告の有料老人ホームとして使用されていることが認められるから、本件賃貸借契約は『住宅の貸付』にあたるものと考えられる」とした上で、本件賃貸借契約の賃料に「消費税が課税されるという認識であった点において賃貸人・賃借人には共通の錯誤があった」とし、「賃料の合意のうち消費税額3万3,333円の授受を約した部分にかかる賃借人の意思表示は無効と判断される」として、賃借人からの返還請求を認めました。

第2章　課否判定　　143

　また、賃貸人は「消費税として受け取ってきた金額について消費税の申告をして納めていたのだから不当利得はない」と主張しましたが、裁判所は、「消費税額を受け取った時点で賃貸人に同額の財産状態の増加すなわち利得を認めることができ、賃貸人からは税務当局に消費税の更正請求をしたにもかかわらず非課税と認められなかったなどの事実の立証もないから、賃貸人の主張は採用できない」として、賃貸人の主張を排斥しました。

144　　　第 2 章　課否判定

〔35〕　有料老人ホームにおける食事の提供

> **事 例**　　法人 X は、有料老人ホームの運営及び特定施設入
> 居者生活介護事業等を行っています。特定施設入居
> 者生活介護を行うに当たり、入居者である要介護者に対して食事
> を提供しています。介護保険法施行規則は、特定施設入居者生活
> 介護における居宅介護サービス費の支給対象とならない日常生活
> に要する費用として、「食事の提供」を掲げていません。
>
> 　したがって、食事の提供は、介護サービスに係る非課税に該当
> すると考えてよろしいですか。

判断のポイント

　特定施設入居者生活介護における食事の提供は、非課税となる
居宅サービスに該当しません。

【参照】福岡地裁令和 3 年 3 月10日判決（税務訴訟資料271号－38（順号13540）、
　　　　TAINS コード Z 271－13540）、福岡高裁令和 3 年12月 7 日判決（税務訴
　　　　訟資料271号－137（順号13639）、TAINS コード Z 271－13639）、最高裁
　　　　令和 4 年 6 月21日決定（TAINS コード Z 888－2504）

解 説

1　介護サービスの非課税

　消費税法別表第 2 第 7 号イは、「介護保険法の規定に基づく居宅介
護サービス費の支給に係る居宅サービス（訪問介護、訪問入浴介護そ
の他の政令で定めるものに限る。）、施設介護サービス費の支給に係る
施設サービス（政令で定めるものを除く。）その他これらに類するもの
として政令で定めるもの」を非課税として掲げています。

第2章　課否判定　　145

（1）　施設サービス

　介護保険法上、要介護者の居宅ではなく、特別養護老人ホーム等（老人福祉法20条の5に規定する特別養護老人ホームのうち一定の要件を満たす介護老人福祉施設（介保8㉗））の施設において介護サービスを受ける場合は、介護保険法8条26項の「施設サービス」に位置付けられます。

（2）　居宅サービス

　介護保険法において、「居宅サービス」とは、訪問介護、訪問入浴介護、訪問看護、訪問リハビリテーション、居宅療養管理指導、通所介護、通所リハビリテーション、短期入所生活介護、短期入所療養介護、特定施設入居者生活介護、福祉用具貸与及び特定福祉用具販売をいい、「居宅サービス事業」とは、居宅サービスを行う事業をいうものと定められています（介保8①）。

　ここで、「訪問介護」とは、要介護者であって、居宅において介護を受ける居宅要介護者について、その者の居宅において介護福祉士等により行われる入浴、排せつ、食事等の介護その他の日常生活上の世話であって、厚生労働省令で定めるものをいいます（介保8②）。

　また、「特定施設入居者生活介護」とは、特定施設（有料老人ホームその他厚生労働省令で定める施設）に入居している要介護者について、所定の事項を定めた計画に基づき行われる入浴、排せつ、食事等の介護その他の日常生活上の世話であって厚生労働省令で定めるもの、機能訓練及び療養上の世話をいいます（介保8⑪）。

（3）　居　宅

　介護保険法において、「居宅」とは、老人福祉法20条の6に規定する軽費老人ホーム、同法29条1項に規定する有料老人ホーム等を含むものとされています（介保8②）。

　介護保険法上、有料老人ホーム等の特定施設は、特別養護老人ホー

ム等とは異なり、あくまでも要介護者等の居宅（自宅）の一類型として位置付けられています。

2　食事の提供

（1）　施設サービス

特別養護老人ホーム等における施設サービスにおいては、食事の提供は、要介護者の選定による特別な食事の提供を除いて、非課税となります（消基通6－7－1）。

（2）　居宅サービス

介護保険法41条1項は、「食事の提供に要する費用、滞在に要する費用その他の日常生活に要する費用として厚生労働省令で定める費用」は、居宅介護サービス費の支給対象とならない旨を規定しています。

これを受けた介護保険法施行規則は、居宅介護サービス費の支給対象とならない日常生活に要する費用として、通所介護及び通所リハビリテーションについては、「食事の提供に要する費用」を、短期入所生活介護及び短期入所療養介護については、「食事の提供に要する費用」と「滞在に要する費用」をそれぞれ掲げています（介保則61一・二）。

他方、特定施設入居者生活介護については、「食事の提供に要する費用」と「滞在（又は居住）に要する費用」のいずれも掲げていません（介保則61三）。

その理由として、厚生労働省老健局高齢者支援課は、要旨、以下のとおり説明しています（福岡地裁令和3年3月10日判決）。

a　特定施設においては、住まいとしての有料老人ホームのサービスと、特定施設入居者生活介護として提供される介護保険給付の対象となるサービス及びそれに付随して提供されるサービス（日常生活に要する費用）がある。

第2章　課否判定　　　147

　　食事の提供や滞在場所の提供については、特定施設入居者生活介護
　として提供されるサービスには該当せず、老人福祉法29条1項の規定
　により有料老人ホームとして提供するサービスとして規定している。
　特定施設入居者生活介護固有のサービスのうち、介護保険給付の対象
　となるサービスに付随して提供されるサービスは、介護保険給付対象
　外の日常生活に要する費用として、介護保険法施行規則61条3号にお
　いて、おむつ代等を規定しており、食事の提供や滞在場所の提供に係
　る費用は、同法41条1項に規定する介護保険給付やそれに付随する日
　常生活に要する費用には含まれない。
b　食事の提供や滞在場所の提供については、従来、老人福祉法に基づ
　き設置者によって行われてきたところであり、デイサービス等と異な
　り、介護保険制度創設当初から介護保険給付の対象外であり、これを
　改めて明確化する必要がなかったことから、介護保険法施行規則61条
　3号において規定しなかったものと考えられる。

　つまり、特定施設入居者生活介護の場合は、有料老人ホーム等の特
定施設が正に対象者の居宅（自宅）であることから、「食事の提供に要
する費用」や「滞在（又は居住）に要する費用」は、特定施設入居者
介護の対象者であるか否かにかかわらず、有料老人ホーム等との入居
契約に基づいて当然に発生する費用であって、特定施設入居者生活介
護を受けることにより発生する費用ではありません。そのため、介護
保険法施行規則61条3号は、食事の提供や滞在場所（又は居住）の提
供が特定施設入居者生活介護には含まれないことを前提に、「食事の
提供に要する費用」と「滞在（又は居住）に要する費用」のいずれに
ついても、あえてこれを掲げていないものと解されます。

　介護保険法上、特定施設が行う特定施設入居者生活介護の対象者に
対する食事の提供は、そもそも特定施設入居者生活介護として提供さ
れるサービス又はそれに付随して提供されるサービスには該当しない
ということになり、消費税の非課税の対象ではありません。

（3）　軽減税率の適用

　老人福祉法29条1項の規定による届出が行われている有料老人ホームにおいて、その有料老人ホームの設置者又は運営者が、その有料老人ホームの入居者（年齢等の要件があります。）に対して行う次に掲げる飲食料品の提供には、軽減税率が適用されます（消税2①九の二・別表第1一ロ、消税令2の4②一、「入院時食事療養費に係る食事療養及び入院時生活療養費に係る生活療養の費用の額の算定に関する基準」（平18厚労告99））。

　また、高齢者の居住の安定確保に関する法律6条1項に規定する登録を受けたサービス付き高齢者向け住宅（以下「サ高住」といいます。）において、そのサ高住の設置者又は運営者が、そのサ高住の入居者に対して行う次に掲げる飲食料品の提供も同様に、軽減税率の適用対象となります（消税令2の4②二）。

有料老人ホーム等の設置者又は運営者が、同一の日に同一の者に対して行う飲食料品の提供の対価の額（税抜き）が、次の金額に達するまでの飲食料品の提供
・令和6年5月31日まで
　　　　…　一食につき640円以下であるもののうち、その累計額が1,920円に達するまでの飲食料品の提供
・令和6年6月1日以後
　　　　…　一食につき670円以下であるもののうち、その累計額が2,010円に達するまでの飲食料品の提供

第2章　課否判定　　　　149

〔36〕　助産施設として利用されている建物の譲渡

事　例　　私は、医師であり、医療法人Aの理事長です。医療法人Aは、私が所有し医療法人Aに賃貸している土地建物において産科及び婦人科を診療科目とするクリニックを営んでいます。この度、この土地建物を医療法人Aに譲渡することにしました。

消費税法は、助産に係る資産の譲渡等を非課税と規定しており、その範囲は、分娩と直接関連するものに限られるとはいえず、助産に関連する全ての資産の譲渡等をいうものと理解しています。そうすると、助産施設であるこの建物の譲渡も非課税になると考えてよいのでしょうか。

判断のポイント

助産とは、医師又は助産師が行う分娩の介助等であり、助産施設である建物の譲渡が助産に係る非課税に該当することはありません。

【参照】平成24年1月31日裁決（国税不服審判所ホームページ、TAINSコード　J86－6－24）

解　説

消費税法6条1項は、国内において行われる資産の譲渡等のうち、別表第2に掲げるものには消費税を課さないものと定め、別表第2には、土地の譲渡及び貸付け、金融商品取引法に規定する有価証券等の譲渡、利子を対価とする金銭等の貸付け等、社会保険医療、社会福祉事業、教育に関する役務の提供等のうち一定のもの等、それぞれ列挙

して規定されています。

　助産に係る資産の譲渡等の関係で見ると、平成３年度の改正以前は、異常分娩については、健康保険法等の規定に基づく医療等として非課税とされていましたが、正常分娩を非課税とする規定はありませんでした。しかし、出産という生命の尊厳に対する社会政策的配慮から、異常分娩に係る資産の譲渡等だけでなく、正常分娩に係る資産の譲渡等についても非課税として取り扱うこととするため、平成３年度の改正により、「医師、助産師その他医療に関する施設の開設者による助産に係る資産の譲渡等」を非課税とする消費税法別表第２第８号の規定が創設されました。

　そして、消費税法基本通達６－８－１は、消費税法別表第２第８号に規定する助産に係る資産の譲渡等には、次が該当する旨を示しています。

①　妊娠しているか否かの検査

②　妊娠の判明以降の検診、入院

③　分娩の介助

④　出産後（２か月以内）に行われる母体の回復検診

⑤　新生児の入院及び当該入院中の検診

　一般に助産とは、正常に経過する胎児の娩出に係る状況判断等及び娩出に係る補助的に行う操作並びにそれらに付随する妊婦、産婦、じょく婦、胎児又は新生児の世話等をいうものとされています。また、医師法の規定により、医師の医学的判断及び技術をもって行うのでなければ衛生上危害を生ずるおそれのある行為である医行為については原則として医師の独占業務とされていること、及び、保健師助産師看護師法の規定により、医師以外の者が行うことは本来許されない医行為に当然含まれる助産行為について、例外として助産師が行うことが許容されていることを考慮すると、消費税法別表第２第８号にいう「助

第2章　課否判定

産に係る資産の譲渡等」とは、医師等の資格を有する者の医学的判断及び技術をもって行われる分娩の介助等ないしそれに付随する妊産婦等に対する必要な処置及び世話等をいうものと解されます。

　あなたは医師であり、土地建物は助産施設です。ただし、その施設である土地建物の譲渡は、医師等の資格を有する者の医学的判断及び技術をもって行われる分娩の介助等ないしそれに付随する妊産婦等に対する必要な処置及び世話等には該当しません。

　したがって、助産施設である建物の譲渡は、消費税法上の非課税取引に該当しません。

　なお、土地の譲渡は、消費税法別表第2第1号に該当して非課税となります。

〔37〕 フリースクール事業

事　例　　NPO法人（特定非営利活動法人）Xは、不登校の児童等に対する学習支援を目的としたフリースクール事業を行っています。このフリースクール事業において教育活動として行う役務の提供は、消費税の非課税取引に該当しますか。

なお、NPO法人Xは、各種学校を設置するための都道府県知事の認可を受けたものではありませんが、フリースクールへの登校は義務教育である小中学生の在籍学校において「登校扱い」にされるなど、学校と連携し一体となってフリースクール事業を行っており、また、各種学校として認可されるための要件も満たしています。

判断のポイント

教育に関する役務の提供の非課税の要件は、第一に人的要件として、その役務の提供を行う者が学校等であること、第二に物的要件として、授業料等を対価とする教育として行う役務の提供であることです。

【参照】平成22年6月16日裁決（名裁諸平21−54、TAINSコードF0−5−108）

解　説

消費税法6条1項は、国内において行われる資産の譲渡等のうち、別表第2に掲げるものは非課税と規定し、別表第2第11号は、教育に関する役務の提供を掲げています。

第2章　課否判定　　153

　非課税となる教育に関する役務の提供の範囲は、次のとおりです（消税別表第2十一、消税令16、消税規4）。

　次に掲げる教育に関する役務の提供（授業料、入学金、施設設備費等を対価として行われる部分に限る。）
① 　学校教育法1条に規定する学校を設置する者が当該学校における教育として行う役務の提供
② 　学校教育法124条に規定する専修学校を設置する者が当該専修学校の高等課程、専門課程又は一般課程における教育として行う役務の提供
③ 　学校教育法134条1項に規定する各種学校を設置する者が当該各種学校における教育（修業期間が1年以上であることその他所定の要件に該当するものに限る。）として行う役務の提供
④ 　次に掲げる施設を設置する者が当該施設における教育（職業訓練を含み、修業期間が1年以上であること、普通課程、専門課程その他の課程のそれぞれの1年の授業時間数が680時間以上であることその他財務省令で定める要件に該当するものに限る。）として行う役務の提供
　一　国立研究開発法人水産研究・教育機構の施設、独立行政法人海技教育機構の施設、独立行政法人航空大学校及び国立研究開発法人国立国際医療研究センターの施設
　二　職業能力開発総合大学校、職業能力開発大学校、職業能力開発短期大学校及び職業能力開発校（職業能力開発大学校、職業能力開発短期大学校及び職業能力開発校にあっては、国若しくは地方公共団体又は同法に規定する職業訓練法人が設置するものに限る。）

　これらの定めから、教育に関する役務の提供が非課税取引に該当するのは、第一に人的要件として、その役務の提供を行う者が上記①〜④のいずれかに該当するものであること、第二に物的要件として、その学校等において、授業料、入学金、施設設備費等を対価とする教育として行う役務の提供であること（③及び④については修業期間が1

年以上であること等）のいずれをも満たす場合に限られるということになります。

　NPO法人Xが設置するフリースクールは、各種学校として認可されるための要件を満たしているということですが、現に都道府県知事の認可を受けていない以上、NPO法人Xが設置するフリースクールが各種学校になるものではありませんから、上記①～④のいずれにも該当せず、教育に関する役務の提供が非課税取引に該当するための第一の人的要件を満たさないことになります。

　したがって、その教育活動が、学校教育法に規定する学校と連携し一体となって行っているものであっても、NPO法人Xが行うフリースクール事業は、非課税とはなりません。

第2章　課否判定　　155

〔38〕　外国法人から受ける遅延損害金と売掛債権の譲渡収入

事　例　　法人Ｘは、外国法人Ａに対して行った商品販売の売掛金が支払期日を過ぎても入金されないことから、契約の定めに従って、年利５％の支払遅延損害金を徴収しています。この度、外国法人Ａの親会社である外国法人Ｂから、この売掛債権を外国法人Ｂが買い取ることにより決済を行うという申出がありました。法人Ｘとしては、売掛金の回収ができれば、その方法としては、外国法人Ｂに対する債権の譲渡であってもかまわないと判断し、これに応じる予定です。

外国法人Ａから受けた支払遅延損害金、外国法人Ｂから受ける譲渡収入の消費税の課税関係はどうなりますか。

また、外国法人Ａに販売した商品の課税仕入れは課税売上対応分に区分しています。仮に、遅延損害金及び売掛債権の譲渡収入が非課税資産の譲渡等の対価となるとすれば、商品及び一連の取引について生じた課税仕入れは、共通対応分に区分するのでしょうか。

なお、法人Ｘは内国法人であり、国外に支店等はありません。

判断のポイント

非居住者から受け取る利息は、仕入税額控除の適用に当たって、課税資産の譲渡等に係る輸出取引等に該当するものとみなされます。

売掛金等の、資産の譲渡等の対価として取得した金銭債権の譲渡は、課税売上割合の計算において、非課税売上高に含まれません。

解　説

1　売掛金の遅延損害金

（1）　利子を対価とする資産の貸付け

　国内において行う資産の譲渡等のうち、利子を対価とする貸付金その他の資産の貸付けは、非課税とされています（消税6①・別表第2三）。具体的には、預貯金や貸付金の利子、公社債の利子及び手形の割引料等がその対価となります（消基通6－3－1）。

　例えば、売上代金を手形により回収する場合には、手形の支払期間に応じて計算した利息相当額を売上代金とは別にして請求することがありますが、その利息相当額が適正金利に相当する金額であるときは、売上代金部分だけが課税対象となり、利息相当額は非課税となります。

　また、消費税法基本通達6－3－5は、前渡金等に係る利子のようにその経済的実質が貸付金であるものに係る利子を受ける行為は、消費税法別表第2第3号に規定する利子を対価とする資産の貸付けに該当するものであることを明らかにしています。

　利子を対価とする資産の貸付けが国内において行われたかどうかは、その貸付けを行う者のその貸付けに係る事務所等の所在地が国内にあるかどうかにより判定します。

　法人Xは、外国法人Aに対する売掛金の支払が期日までに行われなかったことを理由に、契約の定めに従い、年利5％の遅延損害金を受け取っています。この遅延損害金は、損害金という名目になっていますが、その実質は、売掛金という金銭債権に係る利子であると認められます。

　また、その支払を受ける法人Xは内国法人であり国外の支店等がないとのことですから、その貸付けは国内取引と判断され、その遅延損害金は、非課税資産の譲渡等の対価となります。

第2章　課否判定　　157

（2）　非居住者から受ける場合

　消費税法31条1項は、国内において、非課税資産の譲渡等のうち消費税法7条1項に掲げる輸出取引等に該当するものを行った場合において、その非課税資産の譲渡等が輸出取引等に該当するものであることにつき証明がされたときは、その非課税資産の譲渡等は、仕入税額控除の適用に当たっては、課税資産の譲渡等に係る輸出取引等に該当するものとみなすことを定めています（以下、この取扱いを「非課税資産の輸出等を行った場合の仕入税額控除の特例」といいます。）。この特例により、輸出取引等に該当するものの対価の額は、課税売上割合の計算においては、課税資産の譲渡等の対価の額に含まれることとなります（消税令51②）。

　利子を対価とする資産の貸付けのうちその債務者が非居住者であるものは、輸出取引等に該当するものとして、「非課税資産の輸出等を行った場合の仕入税額控除の特例」の規定が適用されます（消税令17③）。

　したがって、法人Ｘが外国法人Ａから受ける遅延損害金の額は、非課税資産の譲渡等の対価であるため消費税の課税標準額には含まれませんが、課税売上割合の計算においては、課税資産の譲渡等の対価の額に算入することとなります。

2　売掛債権の譲渡収入

　金銭債権の譲渡の内外判定は、その金銭債権に係る債権者のその譲渡に係る事務所等の所在地によります（消税令6①九ニ）。また、金銭債権は、「有価証券に類するもの」の範囲に含まれ、国内において行った金銭債権の譲渡は、非課税資産の譲渡等となります（消税令9①四）。

　この金銭債権の譲渡は、上記1の「非課税資産の輸出等を行った場合の仕入税額控除の特例」の対象から除外されています（消税令51①）。

ただし、課税売上割合の計算においては、資産の譲渡等を行った者が
その資産の譲渡等の対価として取得した金銭債権の譲渡については、
その譲渡対価の額は非課税売上高に含まないものとされています（消
税令48②二）。

　したがって、法人Xが受け取った売掛債権の譲渡収入は非課税売上
高となりますが、課税売上割合は、その収入金額を除いたところで計
算することとなります。

3　課税仕入れの区分

　一連の取引において生じた課税仕入れ等の個別対応方式における用
途区分は、次のようになります。

　（1）　遅延損害金を得るための課税仕入れ等

　法人Xが外国法人Aから受ける遅延損害金は非課税資産の譲渡等の
対価ですが、「非課税資産の輸出等を行った場合の仕入税額控除の特
例」の対象となり、仕入税額控除の規定の適用に当たっては、課税資
産の譲渡等の対価とみなされます。したがって、その遅延損害金を得
るための課税仕入れ等は、課税売上対応分に区分します。

　（2）　売掛債権の譲渡のために要した課税仕入れ等

　売掛債権の譲渡は、「非課税資産の輸出等を行った場合の仕入税額
控除の特例」の対象となりません。したがって、その譲渡のために要
した課税仕入れ等は、非課税売上対応分に区分することになります。

　（3）　商品の課税仕入れ等

　法人Xは売掛金を譲渡することによって回収する方法を選択したた
め、商品販売の延長線上には、結果的に、非課税資産の譲渡等が発生
することになりました。

　ただし、この非課税資産の譲渡等は、商品販売とは別の新たな取引
によって生じたものです。すなわち、商品販売によって1つの資産の

第2章 課否判定 159

譲渡等は完了し、その後、支払遅延という新たな事実によって支払遅延損害金が生じ、売掛債権の譲渡という決済の方法に至ったのです。

　商品の仕入れは、これを販売することが目的ですから、その後、支払遅延損害金が生じたかどうか、売掛債権の譲渡を行ったかどうかにかかわらず、商品の仕入れを行った時点で課税売上対応分の課税仕入れ等に区分することとなります。

第３節　輸出取引等

〔39〕　契約どおりに船積みできなかった取引

事　例　　法人Ｘは、外国法人Ａとの間で、建設機械を販売する契約を締結しました。契約においては、販売する建設機械は、法人Ｘが輸出手続を行い、外国法人Ａが指定する船に積み込んでＢ国向けに輸出することとされていました。

しかし、納入予定の国であるＢ国を取り巻く国際的緊張関係が高まり、Ｂ国向け輸出が難しいことから、法人Ｘの日本国内の倉庫内において外国法人Ａに引き渡し、最終的な目的地が明らかになって船積みされるまでの間、有料で保管することとなりました。

法人Ｘは、外国法人Ａの駐在員による検収が完了し、その販売代金の請求書を発行して、保管料が生じることとなった当課税期間において、建設機械の販売に係る売上げを計上しました。

この建設機械は、国内向けとは仕様が異なり、後日、外国法人Ａの指示に従って輸出することが約束されています。したがって、当課税期間において計上した売上げは、輸出免税の適用を受けるものとして取り扱ってよいでしょうか。

なお、対価の額に変更はなく、当初の契約どおり消費税を上乗せしない本体価額により販売しています。

判断のポイント

「本邦からの輸出として行われる資産の譲渡」とは、その資産について輸出の許可を受け、外国に仕向けられた船舶又は航空機に積み込むことによってその資産の引渡しが行われるものをいうものと解され、国内で引き渡した場合には、これに該当しません。

【参照】平成20年４月１日裁決（裁決事例集75集693頁、ＴＡＩＮＳコードＪ75－５－41）

第2章　課否判定　　161

解　説

1　建設機械の議渡の時期

　国税通則法15条2項7号は、消費税の納税義務は、課税資産の譲渡等をした時に成立すると定めていますが、課税資産の譲渡等をした時がいつであるかについて、実体法上、直接の定めはありません。ただし、消費税の課税の対象は「国内において事業者が行った資産の譲渡等」（消税4①）であり、資産の譲渡等とは、「事業として対価を得て行われる資産の譲渡及び貸付け並びに役務の提供」（消税2①八）をいうのですから、資産の譲渡等は、取引の相手方に対する財やサービスの提供と、それに伴う対価の獲得という事実が発生した時に認識することになります。実務上は、消費税法基本通達第9章「資産の譲渡等の時期」に示された基準に従い、取引の態様に応じた判断を行っています。

　そして、消費税法基本通達9－1－1は、棚卸資産の譲渡を行った日について、その引渡しのあった日とする旨を定めています。

　法人Xは、外国法人Aが納入を予定していたB国の事情などにより建設機械を当初の契約のとおりに外国法人Aへ引き渡すことができないこととなり、協議を行った結果、引渡条件が変更されました。そうすると、法人Xから外国法人Aへの引渡しの時期は、当初の契約にかかわらず、外国法人Aの駐在員による検収が行われた日であり、対価を得る権利が確定したその日において建設機械に係る資産の譲渡等が行われたということになります。

2　輸出免税の対象

　消費税法7条1項1号は、課税事業者が国内において行う課税資産の譲渡等のうち、「本邦からの輸出として行われる資産の譲渡又は貸付け」（輸出取引）について、消費税を免除するもの（輸出免税）とし、

２項は、輸出取引に該当することが証明されたものでない場合には、輸出免税の適用をしない旨を規定しています。

3 「輸出」とは

「本邦からの輸出として行われる資産の譲渡又は貸付け」（輸出取引）についてのその証明の方法は、輸出取引を行った事業者が、その資産の輸出に係る保税地域の所在地を所轄する税関長から交付を受ける関税法67条に規定する輸出の許可があったことを証する「輸出許可書」又はその資産の輸出の事実を税関長が証明した「輸出証明書」を整理し、その輸出取引を行った日の属する課税期間の末日の翌日から２か月を経過した日から７年間、これを保存することによるものとされています（消税規５①）。

したがって、ある取引が「本邦からの輸出として行われる資産の譲渡又は貸付け」（輸出取引）に該当して輸出免税とされるためには、課税事業者が国内において行った課税資産の譲渡等であることを前提として、①その取引が輸出取引に該当すること（実体要件）、及び②その取引が輸出取引に該当することの証明書類である「輸出許可書」又は「輸出証明書」を事業者が保存していること（手続要件）の二つの要件を具備することが必要です。

ここでいう「輸出」については、消費税法に定義規定が置かれていないことから、一般的な意義を有し、国内における他の各種法令で用いられている用語と同意義であるとみるべきです。そして、一般に「輸出」とは、貨物を本邦以外の外国に向けて送り出すこと、すなわち、外国に仕向けられた船舶又は航空機に積み込むことを指すとされ、また、関税法では、特に、保税地域からの外国貨物の積戻しと区別するために、内国貨物を外国に向けて送り出すことを「輸出」としています（関税２①二）。

第2章　課否判定　　　　　　　　　　　　　　　　　　　163

　このように「輸出」とは、貨物を外国に仕向けられた船舶又は航空機へ積み込むという貨物の物理的な移転行為をとらえた概念であることから、消費税法7条1項1号にいう「本邦からの輸出として行われる資産の譲渡」とは、資産の譲渡のうち、その資産について輸出の許可を受け、外国に仕向けられた船舶又は航空機に積み込むことによってその資産の引渡しが行われるものをいうものと解されます。これは、消費税法施行規則5条1項が、その証明の方法として、関税法に定める「輸出許可書」又は「輸出証明書」を保存することを規定していることからも明らかであり、消費税法基本通達7－2－1は、「輸出」を「原則として関税法第2条第1項第2号≪定義≫に規定する輸出をいう。」としています。

4　国内で引き渡した場合の輸出免税の判定

　ご照会の取引は、建設機械の検収が国内に所在する法人Xの倉庫内で行われ、すなわち、その引渡しが国内で行われ、引渡し後も引き続き国内に保管されており、外国に仕向けられた船に積み込まれた事実もなく、消費税法7条1項1号にいう「本邦からの輸出として行われる資産の譲渡」、換言すれば「資産の譲渡取引のうち、その資産について輸出の許可を受け、当該資産を外国に仕向けられた船舶又は航空機に積み込むことによって当該資産の引渡しが行われるもの」に該当しないことは明白であり、手続要件である輸出許可書又は輸出証明書の保存もありません。したがって、この建設機械の販売は、当初の契約内容にかかわらず、輸出免税に該当しないことになります。

164　　　第2章　課否判定

〔40〕　仕入先から国外に直送させる自動車部品の販売

事　例　　法人Ｘは、自動車部品の販売を行う株式会社であ
り、国内のＡ社から自動車部品を仕入れ、外国法人
Ｂ社に販売しています。その際、自動車部品は、Ａ社から外国法
人Ｂ社の国外の工場に直接納品させており、輸出の手続はＡ社が
行い、輸出証明書はＡ社が保存しています。

　この自動車部品の販売について、法人Ｘにおいて輸出免税の適
用を受けることができるでしょうか。

判断のポイント

　法人Ｘにおいて輸出免税の適用を受けるためには、国内におい
てＡ社から自動車部品の引渡しを受けた上で、Ａ社に輸出手続の
代行をさせて法人Ｘが輸出の許可を受ける必要があります。

解　説

1　資産の譲渡の時期

　国税通則法15条2項7号は、消費税について、課税資産の譲渡等を
した時に納税義務が成立すると定めています。また、消費税の課税の
対象は「国内において事業者が行った資産の譲渡等」（消税4①）であ
り（※）、資産の譲渡等とは、「事業として対価を得て行われる資産の譲
渡及び貸付け並びに役務の提供」（消税2①八）をいいます。

※　特定資産の譲渡等に該当するものを除きます。また、特定仕入れも課
　税の対象となります。

　これらの規定から、資産の譲渡等は、取引の相手方に対する財やサ
ービスの提供と、それに伴う対価の獲得という事実が発生した時に認

識することになります。

実務上は、消費税法基本通達第9章「資産の譲渡等の時期」に示された基準に従い、取引の態様に応じた判断を行っています。

そして、消費税法基本通達9－1－1は、棚卸資産の譲渡を行った日について、その引渡しのあった日とする旨を定めています。

2　輸出免税の取扱い

消費税法4条は、国内において事業者が行った資産の譲渡等（特定資産の譲渡等に該当するものを除きます。）及び特定仕入れは、消費税の課税対象となる旨を定め（消税4①）、資産の譲渡等が国内で行われたかどうかの判定は、資産の譲渡又は貸付けについては、その譲渡又は貸付けが行われる時において、その資産が所在していた場所によるものとしています（消税4③一）。

ただし、内国税である消費税は、外国で消費されるものには課税しないという考えに基づき、輸出免税の取扱いが定められています。そこで、課税事業者が「本邦からの輸出として行われる資産の譲渡又は貸付け」（輸出取引）又はこれに類似するものとして消費税法7条及びその委任を受けた消費税法施行令17条に列挙された課税資産の譲渡等を行った場合において、これらに該当するものであることにつき、財務省令で定めるところにより証明がされたものであるときは、輸出免税の規定が適用され、その売上げには課税せず、その売上げに要する課税仕入れ等は「課税資産の譲渡等にのみ要するもの」に区分して、税額の全てを控除する、いわゆる0％課税の取扱いにするものとされています。

「財務省令で定めるところにより証明がされたもの」とは、その課税資産の譲渡等を行った事業者が、所定の書類又は帳簿を整理し、その課税資産の譲渡等を行った日の属する課税期間の末日の翌日から2か月を経過した日から7年間、これを納税地又はその取引に係る事務

所等の所在地に保存することにより、証明がされたものです（消税規5
①）。

3 「本邦からの輸出として行われる資産の譲渡又は貸付け」

　ある取引が「本邦からの輸出として行われる資産の譲渡又は貸付け」
（輸出取引）に該当して輸出免税とされるためには、課税事業者が国
内において行った課税資産の譲渡等であることを前提として、①その
取引が輸出取引に該当すること（実体要件）、及び、②その取引が輸出
取引に該当することの証明書類である「輸出証明書」を事業者が保存
していること（手続要件）の2つの要件を具備することが必要です。

　ここでいう「輸出」については、消費税法に定義規定が置かれてい
ないことから、一般的な意義を有し、国内における他の各種法令で用
いられている用語と同意義であるとみるべきです。そして、一般に「輸
出」とは、貨物を本邦以外の外国に向けて送り出すこと、すなわち、
外国に仕向けられた船舶又は航空機に積み込むことを指すとされ、ま
た、輸出免税の証明書類が関税法に定める「輸出証明書」とされてい
ることから関税法の規定を参照すると、関税法では、特に、保税地域
からの外国貨物の積戻しと区別するために、内国貨物を外国に向けて
送り出すことを「輸出」としています（関税2①二）。

　このように「輸出」とは、貨物を外国に仕向けられた船舶又は航空
機へ積み込むという貨物の物理的な移転行為をとらえた概念であるこ
とから、消費税法7条1項1号にいう「本邦からの輸出として行われ
る資産の譲渡」とは、資産の譲渡のうち、その資産について輸出の許
可を受け外国に仕向けられた船舶又は航空機に積み込むことによって
その資産の引渡しが行われるものをいうものと解されます。

　なお、「本邦からの輸出として行われる資産の譲渡又は貸付け」であ
る場合に保存するべき書類又は帳簿は、その資産の輸出に係る保税地

第2章　課否判定　　167

域の所在地を所轄する税関長から交付を受ける次の書類（以下「輸出
証明書」といいます）とされています（消税規5①一）。

① 輸出の許可又は積込みの承認があったことを証する書類
② その資産の輸出の事実を税関長が証明した書類で、輸出した事業者
　の氏名又は名称及び住所又は事務所等の所在地、輸出の年月日、品名
　と品名ごとの数量及び価額、仕向地が記載されたもの

4　仕入税額控除

　消費税法30条1項は、課税事業者が、国内において行う課税仕入れ
（特定課税仕入れに該当するものを除きます。）、特定課税仕入れ又は
保税地域から引き取る課税貨物は、仕入税額控除の対象となる旨を定
めています。

　課税仕入れとは、事業者が、事業として他の者から資産を譲り受け、
若しくは借り受け、又は役務の提供（給与等を対価とする役務の提供
を除きます。）を受けることであり、その資産の譲渡若しくは貸付け又
は役務の提供を行った者が、事業としてこれを行ったとした場合に課
税資産の譲渡等に該当することとなるもので、輸出免税等の規定によ
り消費税が免除される資産の譲渡等に該当しないものをいいます（消
税2①十二）。

5　仕入先A社が国外に納品する場合

　ご照会の取引では、外国法人B社に自動車部品を販売しているのは
法人Xですが、実際に輸出を行い、その輸出に係る輸出証明書を保存
しているのはA社であることから、法人Xに輸出免税の規定の適用は
ありません。

　A社の売上げ及び法人Xの仕入れと売上げは、次のように判断しま
す。

第2章　課否判定

（1）　A社の売上げ

A社における自動車部品の販売は、たとえ国内の事業者である法人Xへの販売であっても、その引渡しのために輸出の手続を行い国外へ納品するものであるため、「本邦からの輸出として行われる資産の譲渡」に該当し、輸出証明書の保存を要件に、輸出免税の規定が適用されます。

したがって、A社は、その輸出売上高を課税標準額の計算に含めず、その輸出売上げに要した課税仕入れ等は課税売上対応分として納付すべき消費税額を計算します。

（2）　法人Xの仕入れ

法人XにおけるA社からの仕入れは、課税資産の譲渡等を行うA社において輸出免税の規定が適用されるため、消費税法2条1項12号に照らし、法人Xの課税仕入れに該当するものではありません。

（3）　法人Xの売上げ

外国法人B社に販売する自動車部品は、A社によって輸出の許可を受け国外に移送されたものであるため、その売上げは国内取引に該当せず、消費税の課税対象外となります。

したがって、法人XがA社から自動車部品を仕入れ、外国法人B社の国外の工場に直接納品させる取引は、法人Xにおいては、消費税の課税関係が生じない取引となります。

6　仕入先A社に輸出手続を代行させる場合

法人Xが国内においてA社から購入した上で、その自動車部品について、A社に輸出手続を代行させて外国法人B社の国外の工場に納品している場合、つまり、A社が法人Xの所有となった自動車部品について、法人Xを名義人として輸出の許可を受け、その輸出証明書を法人Xが保存している場合には、A社の売上げ及び法人Xの仕入れと売

上げは、次のように判断します。

（1）　A社の売上げ

　A社は、法人Xの所有となった自動車部品について、法人Xに代わって輸出の手続を行うということですから、その輸出の手続を行う前に、既にA社から法人Xへの引渡しが行われています。A社が行う自動車部品の販売は、資産の譲渡のうち、その資産を外国に仕向けられた船舶又は航空機に積み込むことによってその資産の引渡しが行われるものではありません。

　したがって、国内において行う課税資産の譲渡等として課税され、輸出免税の規定の適用はありません。

（2）　法人Xの仕入れ

　法人Xが行うA社からの自動車部品の仕入れは、その資産の譲渡を行ったA社において課税資産の譲渡等に該当することとなるものであり、輸出免税等の規定により消費税が免除される資産の譲渡等に該当しないため、国内において行う課税仕入れに該当します。

（3）　法人Xの売上げ

　外国法人B社に販売する自動車部品は、その納品に係る手続はA社に代行させていますが、法人Xの名称で輸出の許可を受け、その輸出証明書を法人Xが保存しています。そうすると、法人Xは、「本邦からの輸出として行われる資産の譲渡又は貸付け」を行ったという実体要件と、その取引が輸出取引に該当することを証明するという手続要件の2つの要件を具備しており、輸出免税の規定が適用されます。

170　　第2章　課否判定

〔41〕　輸出証明がない取引

事 例　　法人Xは、A国のY社から放送機材用ジャックケーブルの受注を受け、Y社の要請により、国内のZ社の工場へ一旦搬送した後、Z社がY社に販売した放送機材と同梱の上、A国へ輸出しています。

輸出に際して、通関業務はZ社が行い、ジャックケーブルを含む放送機材の輸出の許可はZ社が受け輸出証明書を保存しています。しかし、法人Xは、現実にY社から受注を受けて輸出販売を行っています。したがって、輸出免税の適用を受けることができると考えてよいでしょうか。

判断のポイント

輸出の事実があっても、輸出の事実を証明する書類の保存がない場合は、輸出免税の適用を受けることはできません。

【参照】平成7年7月3日裁決（TAINSコードJ50－5－18）

解　説

1　輸出免税の要件

消費税は、国内において消費される財やサービスに税負担を求めるものであることから、国外の消費につながる輸出取引等については、消費税を免除することとしています。すなわち、消費税法7条1項は輸出取引等に該当するものについては消費税を免除すると規定し、同条2項は、「前項の規定は、その課税資産の譲渡等が同項各号に掲げる資産の譲渡等に該当するものであることにつき、財務省令で定めると

ころにより証明がされたものでない場合には、適用しない。」と規定しています。

　そして、消費税法施行規則5条1項は、「法第7条第2項に規定する財務省令で定めるところにより証明がされたものは、同条第1項に規定する課税資産の譲渡等のうち同項各号に掲げる資産の譲渡等に該当するものを行った事業者が、当該課税資産の譲渡等につき、次の各号に掲げる場合の区分に応じ当該各号に定める書類又は帳簿を整理し、当該課税資産の譲渡等を行った日の属する課税期間の末日の翌日から2月を経過した日から7年間、これを納税地又はその取引に係る事務所、事業所その他これらに準ずるものの所在地に保存することにより証明がされたものとする。」と規定しています。

　消費税法7条1項1号に規定する「本邦からの輸出として行われる資産の譲渡又は貸付け」（以下「輸出取引」といいます。）の場合には、船舶若しくは航空機の貸付け又は資産の価額が20万円以下の輸出に該当するときを除き、輸出取引を行った事業者は、税関長から交付を受ける輸出の許可若しくは積込みの承認があったことを証する書類又は輸出の事実を税関長が証明した書類で、輸出した事業者の氏名又は名称及び住所若しくは居所又は事務所等の所在地、輸出年月日等所定の事項が記載されたものを、7年間、これを納税地等所定の場所に保存することによって、消費税法7条2項に規定する財務省令で定める証明がされたことの要件を満たすこととなります。

　このように、輸出取引等として免税の適用を受けるためには、所定の輸出取引等に該当する事実が存し（実体要件）、さらにその事実を証明する書類の保存（手続要件）をしていなければなりません。

2　輸出証明がない輸出

　法人Xは、Y社からの発注に基づき、ジャックケーブルをZ社の国

内の工場に納入していますが、Y社にZ社が販売した放送機材と同梱の上A国へ輸出することによりその引渡しが完了するのであり、消費税法7条1項1号に規定する輸出取引に該当するものと考えられます。

　しかし、輸出免税の適用を受けるためには、税関長から交付を受ける輸出の許可若しくは積込みの承認があったことを証する書類又は輸出の事実を税関長が証明した書類の保存が要件とされています。輸出手続はZ社が行い、Z社は放送機材の輸出証明書の交付を受けていますが、法人Xにはジャックケーブルについての輸出証明書が交付されていないので、法人Xは輸出免税の適用を受けることはできません。

第2章　課否判定　　　173

〔42〕　外国から原材料を無償支給され製品に加工する取引

事例　　法人Xは、外国法人である親会社B社から原材料の支給を受け、自己の名義で関税及び消費税の輸入申告を行い、保税地域からの引取りの許可を受け、その引取りに係る関税及び消費税（輸入消費税）を納付しています。

　そして、国内の工場において、この原材料のみを使用して外国親会社B社の示した仕様に従い加工作業を施した後、加工後の製品について輸出申告を行い、輸出の許可を受けた上で外国親会社B社に向けて輸出し、引き渡しています。

　法人Xが外国親会社B社との間で取り交わす加工作業を行う旨の契約書には、次の定めがあります。

---

①　外国親会社B社は、法人Xに対し原材料を無償で支給し、法人Xは、支給される原材料を製品に加工して、外国親会社B社に供給する。
②　法人Xは、外国親会社B社の承諾なしに外国親会社B社から支給される原材料を交換又は変更して使用してはならない。
③　外国親会社B社は、法人Xに支給した原材料及び法人Xが加工した製品の所有権を引き続き所有し、法人Xは、外国親会社B社の要求水準で原材料及び製品を維持管理しなければならない。

　法人Xと外国親会社B社との間では、原材料及び製品の譲渡が行われるものではないので、これらの対価としての金銭の授受はなく、法人Xは、外国親会社B社から、加工作業の対価として加工賃を受け取ります。

　この加工作業は、輸出免税の対象となるでしょうか。また、法人Xが原材料を輸入する際に課される消費税は、法人Xの仕入税額控除の対象となるでしょうか。

なお、外国親会社Ｂ社は、国内に支店又は出張所その他の事務所を有していません。

判断のポイント

法人Ｘが行う加工作業は、国内において行われる課税資産の譲渡等のうち、非居住者に対して行われる役務の提供で、国内において直接便益を享受するもの以外のものであり、消費税が免除されるものに該当します。

解 説

1 加工賃を対価とする役務の提供

（1） 非居住者に対する役務の提供

消費税法４条１項は、国内において事業者が行った資産の譲渡等（特定資産の譲渡等に該当するものを除きます。）及び特定仕入れには、消費税が課される旨を規定しており、事業として対価を得て行われる役務の提供は、資産の譲渡等に該当します（消税２①八）。

また、消費税法７条１項５号及び消費税法施行令17条２項７号は、国内において行われる課税資産の譲渡等のうち、非居住者に対して行われる役務の提供は、次に掲げるものを除き、消費税を免除する旨を規定しています。

① 国内に所在する資産に係る運送又は保管

② 国内における飲食又は宿泊

③ ①及び②に掲げるものに準ずるもので、国内において直接便益を享受するもの

そして、消費税法基本通達７－２－16は、これら消費税が免除され

第2章　課否判定　175

るものから除かれる非居住者に対する役務の提供として、上記①及び②のほか、国内に所在する不動産の管理や修理、建物の建築請負、電車・バス・タクシー等による旅客の輸送等を例示しています。

（2）　法人Ｘが行う加工作業

法人Ｘは、外国親会社Ｂ社から無償で支給される原材料を輸入し、国内の工場において加工作業を施して製品に加工しますが、その原材料及び整品の所有権は外国親会社Ｂ社にあり、加工作業という役務の提供の対価として加工賃を受け取ります。この加工作業は、消費税法４条１項に規定する国内において事業者が行った資産の譲渡等に該当します。

また、外国親会社Ｂ社は、外国法人であり、国内に支店又は出張所その他の事務所を有する法人ではありませんので、消費税法施行令１条２項２号に掲げる非居住者に該当します。

法人Ｘが行う加工作業は、非居住者である外国親会社Ｂ社に対して、外国親会社Ｂ社から支給される原材料を国内の工場で製品に加工するという役務の提供であり、上記①又は②には該当しません。

さらに、この加工作業は、国内に所在する不動産の管理や修理等のように非居住者が国内において直接便益を享受するものとは認められないことから、上記③にも該当しません。

したがって、法人Ｘが行う加工作業は、国内において行われる課税資産の譲渡等のうち、非居住者に対して行われる役務の提供で、国内において直接便益を享受するもの以外のものであり、消費税が免除されるものに該当します。

2　輸入消費税の取扱い

消費税法30条１項は、事業者が保税地域から課税貨物を引き取った場合には、その課税貨物を引き取った日（保税地域から引き取る課税

貨物につき特例申告書を提出した場合には、その特例申告書を提出した日又はその申告に係る決定の通知を受けた日）の属する課税期間の課税標準額に対する消費税額から、その課税期間における保税地域からの引取りに係る課税貨物につき課された又は課されるべき消費税額を控除する旨を規定しています。つまり、課税貨物の引取りについては、他の者から譲り受けたものであるかどうかに関わらず、保税地域から引き取る際に課された消費税額が控除の対象となります。

　法人Xは、外国親会社B社から無償で支給される原材料を保税地域から引き取り、その際、法人Xが、原材料に係る輸入申告書を税関長に提出し、輸入消費税を納付しています。

　したがって、法人Xは、原材料を引き取った日の属する課税期間の課税標準額に対する消費税額から、原材料について課された輸入消費税額を控除することができます。

　なお、この原材料は、上記1（1）の役務の提供のためにのみ要するものですから、個別対応方式により控除対象仕入税額を計算する場合には、課税資産の譲渡等にのみ要する課税仕入れに区分することになります。

第2章　課否判定　　　　177

〔43〕　国内において非居住者に提供するセミナー

事　例　　法人Ｘは、外国法人Ｙから、国内で開催する従業員へのセミナーの提供を請け負っています。外国法人Ｙは、日本国内に支店や営業所を有していません。

セミナー代金は、講義、現場実習、セミナーの開催期間中の国内における食事及び宿泊の代金であり、交通費が含まれています。また、希望により、工場見学や国内観光のオプションがあります。

このセミナーによる役務提供は、国内に支店や営業所をもたない非居住者である外国法人Ｙに提供するものですから、輸出免税の対象になると考えますがいかがでしょうか。

なお、輸出取引等に該当することを証明する書類として、外国法人Ｙとの契約書を保存する予定です。

判断のポイント

国内において行われるセミナーの参加者に対して行う役務の提供は、国内において直接便益を享受するものであり、輸出免税の対象となりません。

【参照】平成15年4月24日裁決（TAINSコードJ65－5－53）

解　説

1　非居住者に対して行われる役務の提供に係る免税の要件

消費税法施行令17条2項7号は、非居住者に対して行われる役務の提供で、次に掲げるもの以外のものを輸出免税の対象としています。

① 国内に所在する資産に係る運送又は保管

② 国内における飲食又は宿泊
③ ①及び②に掲げるものに準ずるもので、国内において直接便益を享受するもの

　これらを輸出免税取引から除外することの趣旨は、国内飲食等のように国内で役務の提供を受けることが完結するものを、国境をまたがない役務の提供として輸出免税取引から除外するというものです。
　このことからすると、「①及び②に掲げるものに準ずるもので、国内において直接便益を享受するもの」は、国内飲食等に準じて考えられる役務の提供であって、非居住者に対して国内においてその役務が提供され、その非居住者が、提供される役務の便益を国内において直接享受するもの、国内において完結しているものであると解されます。

2　外国法人Ｙの従業員に提供する国内セミナー

　法人Ｘが行うセミナーは、外国法人Ｙとの間で、外国法人Ｙの従業員に対する役務の提供として行われるものであり、セミナーの内容は、国内で行われる講義、現場実習、工場見学及び国内観光であり、セミナー代金には、国内における食事代金、宿泊代金及び交通費が含まれており、いずれも国内でセミナーの参加者に対して行われる役務の提供であり、国内飲食等に準ずるものに該当します。
　また、セミナーは国内において実施されていることから、セミナーによる役務の提供は、外国法人Ｙに対して国内において行われるものであり、かつ、その便益は、セミナーの参加者である外国法人Ｙの従業員に対する役務の提供により、外国法人Ｙが国内において直接享受するものとなり、いずれも国内において完結しているものです。
　したがって、このセミナーによる役務の提供は、非居住者に対する役務の提供で輸出免税取引とならないものに該当することとなります。

第 3 章

資産の譲渡等の時期と
対価の額

180

第3章　資産の譲渡等の時期と対価の額　　　181

〔44〕　対価の額が確定していない売上げの計上時期

> **事例**　　法人Aは、機械の受注販売を行っており、通常、製造元から自社の倉庫に機械が搬入され検収作業を完了した時に仕入れを計上し、相手方に納品するため出荷した日に売上げを計上することとしています。

当事業年度（当課税期間）においては、決算期末に出荷したB機械は、その仕様が特殊であることから、製造元から販売金額の確定に時間がかかるとの連絡を受け、販売先への請求額の計算が整わず、送付した納品書には金額が記入されていません。金額が確定して請求を起こすのは事業年度末の月の翌月となり、請求が遅れた分だけ支払の期日も延長することになります。

この場合、請求額が確定する翌事業年度において、この機械の課税仕入れ及び課税売上げの両方を計上することができるでしょうか。

判断のポイント

目的物の引渡しがあった場合には、その対価の額が確定していないときであっても、見積額により資産の譲渡等の対価の額を計上することになります。

解　説

1　資産の譲渡等の時期

国税通則法15条2項7号は、消費税について、課税資産の譲渡等をした時に納税義務が成立すると定めています。また、消費税の課税の

182　　第3章　資産の譲渡等の時期と対価の額

対象は「国内において事業者が行った資産の譲渡等」（消税4①）であり（※）、資産の譲渡等とは、「事業として対価を得て行われる資産の譲渡及び貸付け並びに役務の提供」（消税2①八）をいいます。

※　特定資産の譲渡等に該当するものを除きます。また、特定仕入れも課税の対象となります。

　これらの規定から、資産の譲渡等は、取引の相手方に対する財やサービスの提供と、それに伴う対価の獲得という事実が発生した時に認識することになります。

　実務上は、消費税法基本通達第9章「資産の譲渡等の時期」に示された基準に従い、取引の態様に応じた判断を行っています。

　そして、消費税法基本通達9－1－1は、棚卸資産の譲渡を行った日について、その引渡しのあった日とする旨を定めています。

　棚卸資産の引渡しの日がいつであるかについては、例えば、出荷した日、相手方が検収した日、相手方において使用収益ができることとなった日、検針等により販売数量を確認した日等、その棚卸資産の種類及び性質、その販売に係る契約の内容等に応じてその引渡しの日として合理的であると認められる日のうち、事業者が継続して棚卸資産の譲渡を行ったこととしている日によることとなります（消基通9－1－2）。

　法人Aは、B機械については、課税期間の末日までに出荷したものの、その販売した機械の仕様が特殊で製造元が金額を確定しないことから、販売先への請求額の計算が整わず、納品書に確定した販売額を記載していません。金額が確定して請求を起こすのは事業年度末の月の翌月となり、請求が遅れた分だけ支払の期日も延長することになるとのことです。しかし、そのような事実は、資産の譲渡等の時期を遅らせる要素とはなりません。法人Aは、通常、出荷した日に売上げを計上しているのですから、たとえ、金額が確定していなくても、機械

第3章　資産の譲渡等の時期と対価の額　　183

の出荷が完了している以上、当課税期間において資産の譲渡等を認識
することとなります。

　なお、資産の譲渡等を行った場合において、その資産の譲渡等をし
た日の属する課税期間の末日までにその対価の額が確定していないと
きは、同日の現況により適正に見積もった金額を資産の譲渡等の対価
の額とします。そして、その後確定した対価の額が見積額と異なると
きは、その差額は、その確定した日の属する課税期間における資産の
譲渡等の対価の額に加算し、又はその対価の額から減算することにな
ります（消基通10－1－20）。

2　仕入税額控除の時期

　消費税法30条1項は、国内において課税仕入れを行った場合には、
その課税仕入れを行った日の属する課税期間において仕入税額控除を
行う旨を定めています。課税仕入れを行った日は、課税仕入れに該当
することとされる資産の譲受け若しくは借受けをした日又は役務の提
供を受けた日をいい、これらの日がいつであるかについては、別段の
定めがあるものを除き、資産の譲渡等の時期の取扱いに準ずることと
なります（消基通11－3－1）。

　法人Aは、当課税期間において、既に機械の引渡しを受けています
から、その課税仕入れの対価の額が確定していないという理由で、仕
入税額控除の時期を翌課税期間とすることはできません。

　課税仕入れを行った場合において、その課税仕入れを行った日の属
する課税期間の末日までにその支払対価の額が確定していないとき
は、同日の現況によりその金額を適正に見積もって、その課税仕入れ
を行った課税期間において仕入税額控除の対象とします（消基通11－4
－5）。

3 インボイスの保存

　仕入税額控除の適用を受けるためには、原則として、インボイスの保存が必要ですが、その課税仕入れの日の属する課税期間の末日までにインボイスの交付を受けられない場合であっても、インボイス発行事業者との間において継続して行われる取引については、後日交付されるインボイスの保存を条件として、支払対価の額が確定していない課税仕入れについて、その課税仕入れを行った日の属する課税期間の末日の現況により、適正に見積もった金額により仕入税額控除を行うことができます（消基通11－6－8）。

　その後確定した対価の額が見積額と異なることにより課税仕入れに係る消費税額に差額が生じたときは、その差額は、その確定した日の属する課税期間における課税仕入れに係る消費税額に加算し又は控除します（消基通11－6－8）。

〔45〕 居住用賃貸建物の譲渡の時期

事例　法人Xの課税期間は、1月1日から12月31日までの1年です。X1年10月1日に取得した居住用賃貸建物を売却することになりました。譲渡契約はX3年12月1日に締結しましたが、買主の資金調達の都合で、代金決済と引渡しを行う日は、X4年2月1日となりました。

この場合、譲渡契約を締結したX3年12月1日を譲渡の日として、居住用賃貸建物を譲渡した場合の仕入税額控除の調整を行うことができるでしょうか。

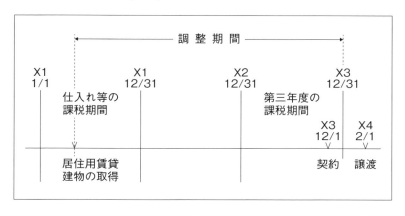

判断のポイント

課税資産の譲渡等の時期については権利確定主義が妥当します。権利の実現が未確定な場合について、契約の効力発生の日をもって資産の譲渡の時期とすることはできません。

【参照】津地裁平成8年10月17日判決（税務訴訟資料221号64頁、TAINSコードZ221－7795）、名古屋高裁平成9年4月9日判決（税務訴訟資料223号291頁、TAINSコードZ223－7899）、最高裁平成9年10月17日判決（税務

訴訟資料229号39頁、TAINSコードZ229－8004)

東京地裁平成31年3月14日判決（税務訴訟資料269号－28（順号13251)、
TAINSコードZ269－13251)、東京高裁令和元年12月4日判決（税務訴訟
資料269号－128（順号13351)、TAINSコードZ269－13351)、最高裁令和
2年10月15日決定（税務訴訟資料270号－106（順号13466)、TAINSコー
ドZ270－13466)

解　説

1　居住用賃貸建物に係る仕入税額控除の制限

　居住用賃貸建物に係る課税仕入れ等の税額には、仕入税額控除の規
定は適用されません（消税30⑩・令2法8改正法附則1一イ)。

　この制限の適用を受けた居住用賃貸建物を課税賃貸用に供した場合
又は譲渡した場合には、その仕入税額の調整を行います（消税35の2①
②)。

2　居住用賃貸建物の範囲

　居住用賃貸建物とは、非課税となる住宅の貸付けの用に供しないこ
とが明らかな建物以外の建物で、高額特定資産又は調整対象自己建設
高額資産に該当するものをいい、その附属設備を含みます（消税30⑩)。

　「住宅の貸付けの用に供しないことが明らかな建物」とは、建物の
構造及び設備の状況その他の状況により住宅の貸付けの用に供しない
ことが客観的に明らかなものをいい、例えば、次に掲げるようなもの
が該当します（消基通11－7－1)。

①　建物の全てが店舗等の事業用施設である建物など、建物の設備等
　の状況により住宅の貸付けの用に供しないことが明らかな建物

第3章　資産の譲渡等の時期と対価の額　　187

② 　旅館又はホテルなど、旅館業法に規定する旅館業に係る施設の貸付けに供することが明らかな建物

③ 　棚卸資産として取得した建物であって、所有している間、住宅の貸付けの用に供しないことが明らかなもの

○高額特定資産等（高額特定資産又は調整対象自己建設高額資産）

居　住　用　賃　貸　建　物	
住宅の貸付けの用 に供する建物	建物の構造及び設備の状況その他の状況により住宅の貸付けの用に供しないことが明らかな建物
建物の構造及び設備の状況その他の状況により住宅の貸付けの用に供するものであるかどうか明らかでない建物	

　例えば、入居者がある中古マンションは、たとえ転売を目的とする棚卸資産として購入する場合であっても、「所有している間、住宅の貸付けの用に供しないことが明らかなもの」ではないため、居住用賃貸建物に該当し、その課税仕入れ等は仕入税額控除の対象となりません。

3　譲渡した場合の調整

　居住用賃貸建物に係る仕入税額控除の制限の適用を受けた場合において、その居住用賃貸建物の全部又は一部を調整期間に他の者に譲渡したときは、その譲渡をした居住用賃貸建物に係る課税仕入れ等の税額に課税譲渡等割合を乗じて計算した金額に相当する消費税額をその譲渡をした課税期間の仕入れに係る消費税額に加算します（消税35の2②）。

188　　第3章　資産の譲渡等の時期と対価の額

　課税譲渡等割合とは、課税譲渡等調整期間に行ったその居住用賃貸建物の貸付けの対価の額の合計額及びその居住用賃貸建物の譲渡の対価の額の合計額のうちに、課税譲渡等調整期間に行ったその居住用賃貸建物の課税賃貸用の貸付けの対価の額の合計額及びその居住用賃貸建物の譲渡の対価の額の合計額の占める割合です。これらの対価の返還等があった場合には、その返還等の金額をそれぞれの対価の額の合計額から控除した残額によります（消税35の2③、消税令53の2②）。

　課税賃貸用の貸付けの対価の額及び譲渡の対価の額並びにこれらの対価の返還等の額には、消費税及び地方消費税を含みません（消税令53の2②）。

$$
課税譲渡等割合 = \frac{\substack{課税譲渡等調整期間に行ったその居住用賃貸建物の \\ 課税賃貸用の貸付け \quad + \quad 譲渡の対価の額 \\ の対価の額の合計額 \\ （対価の返還等の額を控除した残額）}}{\substack{貸付けの対価の額の合計額＋譲渡の対価の額 \\ （対価の返還等の額を控除した残額）}}
$$

　課税譲渡等調整期間とは、その居住用賃貸建物の仕入れ等の日からその居住用賃貸建物を譲渡した日までの間をいいます（消税35の2③）。

4　契約締結の日を譲渡の日とすることの可否

　消費税法基本通達9－1－13は、「固定資産の譲渡の時期は、別に定めるものを除き、その引渡しがあった日とする。ただし、その固定資産が土地、建物その他これらに類する資産である場合において、事業者が当該固定資産の譲渡に関する契約の効力発生の日を資産の譲渡の時期としているときは、これを認める。」と示しています。その契約において効力発生の時期の定めがない場合には、契約の効力は、契約を

第3章　資産の譲渡等の時期と対価の額　　189

締結した時に生じるものであり、この通達の文言を素直に読めば、引渡基準に代えて契約日基準によることが納税者の判断に委ねられていると解することができそうです。

消費税創設当時の裁判例では、売買契約の合意内容及び契約締結後の処理状況等により、契約日をもって譲渡の時とする合意があったと認められるかをということに判断の重点が置かれました。その上で、売買代金支払の状況、所有権移転登記の移転時期、使用収益の実体により、確定的に移転した時を検討して譲渡の時期を判断しています(名古屋高裁平成9年4月9日判決（平成9年最高裁判決により確定))。

ただし、近年、契約日基準の適用をより消極に捉える判断がありました。事案は、住宅の貸付けの用に供する建物の課税仕入れに当たり、その売買契約を締結した課税期間に金地金の売買を行って課税売上割合を100％とし、契約日基準を適用してその課税仕入れに係る消費税の全額を控除対象仕入税額としたものであり、典型的な「消費税還付スキーム」です。

東京高裁令和元年12月4日判決は、課税資産の譲渡等の時期については権利確定主義が妥当し、消費税法基本通達9−1−13のただし書は、契約においてその効力発生日を当該資産の譲渡の日と定めている場合に、当該契約の効力発生日をもって権利が確定したと認められる事情があるときは、これが認められる趣旨のものに過ぎず、権利の実現が未確定な場合についてまで、契約の効力発生の日をもって資産の譲渡の時期とすることはできない旨、判示しました。この判断は、令和2年10月15日の最高裁決定により確定しています。

判決が、「消費税還付スキーム」を実行した納税者に対して、契約日基準を適用することを厳しく否認したこと、令和2年度の居住用賃貸

建物に係る改正が「消費税還付スキーム」封じ込めの決定版としての位置付けであることを踏まえれば、調整期間内に譲渡契約を締結し、調整期間後に引渡しを行った場合に、契約日基準によって譲渡を認識し、居住用賃貸建物を譲渡した場合の調整を行った場合には、税務調査においてその適用関係に疑義が指摘されることは容易に想定されます。これを踏まえた慎重な判断を行うべきでしょう。

第3章　資産の譲渡等の時期と対価の額　　191

〔46〕　土地付き建物の値引き販売

事　例　　法人Ｘは、購入した土地の上に建物を建築し、土地付き建物として分譲しています。

　近年、分譲販売が伸び悩み、売出しから３か月を経過した時点で15％、６か月を経過した時点で30％の値引きを行い、ようやく完売している状況です。

　この値引きは、販売時期の遅れにより建物が新古品となってしまったことから、販売価額を見直す必要が生じたものですから、全額建物の対価の値引きと考えています。そこで、分譲当初の価額により、土地については非課税売上げを、建物については課税売上げを計上した上で、値引き額の全額について、売上げに係る対価の返還等をした場合の消費税額の控除の処理を行いました。

　ところが、税務調査において、重要事項説明書及び売買契約書には、値引き後の土地付き建物の売買価額の総額と、内税として分譲当初の消費税等の額が記載されていることから、建物の値引きとして税額控除をすることはできないと指摘されています。調査官の指摘は正しいのでしょうか。

　なお、買主のマイホームとして販売するものであり、インボイスは交付していません。

判断のポイント

　売買契約書及び説明する重要事項説明書に記載された内容で契約当事者間が合意したものと認められ、契約等に記載した分譲当初の消費税等の額は、建物の譲渡対価の額を基に計算された消費税額等であるということになります。

【参照】平成13年10月24日裁決（TAINSコードＦ０－５－075）

解　説

1　売上げに係る対価の返還等をした場合の消費税額の控除

　消費税法38条１項は、事業者が、国内において行った課税資産の譲渡等につき、返品を受け、又は値引き若しくは割戻しをしたことにより、その課税資産の譲渡等の税込価額の全部若しくは一部の返還又はその課税資産の譲渡等の税込価額に係る売掛金その他の債権の額の全部若しくは一部の減額（売上げに係る対価の返還等）をした場合には、その売上げに係る対価の返還等をした日の属する課税期間の課税標準額に対する消費税額からその課税期間において行った売上げに係る対価の返還等の金額に係る消費税額の合計額を控除するものとしています。これは、一旦行った課税資産の譲渡等につき、その後、返品等の事由により、その対価の返還等を行った場合には、その返還した対価の額に係る消費税額につき税額控除を行う旨を定めたものです。

　法人Ｘは、土地付き建物の譲渡に当たり、相当額の値引きを行った上で、その値引き後の価額を対価の額として契約を締結しています。契約書や請求書等のいずれにおいても、一旦成立した資産の譲渡等につき、改めて値引き等を行ったものとする表示はありません。

　したがって、その値引きは、販売に際しての値下げであって、消費税法38条に規定する売上対価の返還等に該当しません。その値引き後の金額が土地付き建物の譲渡の対価の額です。

2　消費税の課税標準額

　課税資産の譲渡等に係る消費税の課税標準は、課税資産の譲渡等の対価の額であるとされています（消税28①）。

　また、消費税法施行令45条３項は、事業者が課税資産と非課税資産

第3章　資産の譲渡等の時期と対価の額　　193

とを同一の者に対して同時に譲渡した場合において、これらの資産の
譲渡の対価の額が課税資産の譲渡の対価の額と非課税資産の譲渡の対
価の額とに合理的に区分されていないときは、その区分は、これらの
資産の時価の比により行うべき旨を規定しています。したがって、契
約において、対価の額が合理的に区分されている場合には、この規定
の適用の対象となりません。

　土地と建物を一括譲渡するに当たって、取引当事者が契約において
建物及び土地等の譲渡対価を決定している場合には、特段不合理な理
由があると認められる場合を除き、その契約によることになります。
その譲渡対価の額につき特段不合理とする理由がないにもかかわら
ず、その決定し、明記した取引価額によらない区分を認めれば、結果
として、譲渡者側と取得者側における土地及び建物の対価の額が異な
ることとなるとともに、一の取引における同一の資産について税務上
2つの対価の額が存在するという不合理な結果となってしまうからで
す。

3　契約書等に消費税等の記載がある場合

　売買契約書は、契約当事者が合意に至った契約内容を記載するもの
です。また、重要事項説明書は、宅地建物取引業者が自ら売主として
取引する場合及び不動産取引を代理又は媒介する場合に、紛争を防止
するために買主に説明するべき重要事項を記載して説明し交付するこ
とが法定されているものです（宅建業35・37）。

　法人Xは、土地付き建物の譲渡に当たり、購入者との間で締結した
契約に係る売買契約書及びその売買物件について説明する重要事項説
明書に、値引き後の土地付き建物の譲渡対価の額及び分譲当初の消費
税等の額を記載しています。これらの記載については、契約当事者が
その合意したところと異なる金額をあえて記載したといった事情は見

当たらないことから、これらに記載された消費税等の額は、契約当事者間で合意した建物の譲渡対価の額を基に計算された消費税額等であるということになります。

したがって、この建物の売買価額は、重要事項説明書及び売買契約書に記載された消費税額等から逆算する方法によって算定することができるのであり、土地と建物それぞれの売買価額は売買契約書において合理的に区分されているといえます。

4 調査官の指摘

上記により、法人Xが行った土地付き建物の譲渡において、建物の譲渡に係る税込対価の額は、消費税額等を基礎として逆算する方法によって算出した金額にその消費税等の額を加えた金額であり、土地の譲渡に係る対価の額は、売買価額の総額から、建物の譲渡に係る税込対価の額を控除した残額となります。

したがって、分譲当初に設定した価額により課税売上高及び非課税売上高を計上し、その上で、実際の譲渡の対価の額との差額を売上げに係る対価の返還等として税額控除の対象とすることはできない、という調査官の指摘は正しいものと考えられます。

第3章　資産の譲渡等の時期と対価の額　　　195

〔47〕　貸しビルの保証金

事　例　　法人Ⅹは、所有する建物を賃貸するに当たって、保証金を受領しました。契約は次のように定めています。これらの保証金には消費税が課税されますか。

なお、賃貸借の契約期間はいずれも10年です。

<契約Ａ>
　保証金は、契約締結から１年を経過するごとに10％ずつ償却し、中途解約の場合には、賃貸人は、その未償却分を返還する。

<契約Ｂ>
① 　賃貸人は、賃借人から預かった保証金（建設協力金）１億2,000万円につき、毎月末日に、10年間120回にわたり、月額100万円を返済する。
② 　賃借人が契約締結から７年を経過する日までに契約を解除した場合には、賃借人は保証金残額の返還請求権を放棄し、賃貸人はこれを返還しない。
③ 　上記②の他、契約が終了した場合は、賃貸人は、保証金残額をその契約終了の時に返還する。

<契約Ｃ>
① 　契約期間を満了した又は賃貸人が契約を解除した場合には、賃貸人は、賃借人に対し、保証金の全額を返還する。
② 　賃借人が契約締結から３年を経過する日までに契約を解除した場合には、保証金の全額を返還しない。
③ 　賃借人が契約締結から３年を経過する日を超え６年を経過する日までに契約を解除した場合には、保証金の50％相当額を返還する。
④ 　上記の他、契約が終了した場合は、賃貸人は、保証金の80％相当額をその契約終了の時に返還する。

第3章　資産の譲渡等の時期と対価の額

$$\boxed{\text{判断のポイント}}$$

　貸付けの対価として、返還しないことが確定した時に、資産の譲渡等を認識します。

$$\boxed{\text{解　説}}$$

1　権利金、敷金、保証金等の収入すべき時期

　国税通則法15条2項7号は、消費税について、課税資産の譲渡等をした時に納税義務が成立すると定めています。また、消費税の課税の対象は「国内において事業者が行った資産の譲渡等」（消税4①）であり（※）、資産の譲渡等とは、「事業として対価を得て行われる資産の譲渡及び貸付け並びに役務の提供」（消税2①八）をいいます。

※　特定資産の譲渡等に該当するものを除きます。また、特定仕入れも課税の対象となります。

　これらの規定から、資産の譲渡等は、取引の相手方に対する財やサービスの提供と、それに伴う対価の獲得という事実が発生した時に認識することになります。

　実務上は、消費税法基本通達第9章「資産の譲渡等の時期」に示された基準に従い、取引の態様に応じた判断を行っています。

　そして、消費税法基本通達9－1－23は、次のように示しています。

> 　資産の賃貸借契約等に基づいて保証金、敷金等として受け入れた金額であっても、当該金額のうち期間の経過その他当該賃貸借契約等の終了前における一定の事由の発生により返還しないこととなる部分の金額は、その返還しないこととなった日の属する課税期間において行った資産の譲渡等に係る対価となるのであるから留意する。

　不動産の賃貸借に当たっては、賃借人から賃貸人に対して、権利金、

第3章　資産の譲渡等の時期と対価の額　　197

敷金、保証金等の一時金が支払われるのが慣例です。一般に、返還されないものを権利金と、返還されるものを敷金又は保証金と呼ぶことが多いのですが、地域的には返還するかどうかに関係なく権利金と呼んだり、返還しない一時金を保証金と呼んだりすることもあります。以下では、これらの一時金を総称して保証金と呼ぶことにします。

　保証金は、その名目にかかわらず、返還しないものは、権利の設定の対価であり、不動産の貸付けの対価となりますが、その賃貸借契約の終了等によって返還することとされているものは、単なる預り金であり、資産の譲渡等の対価ではありません（消税令1③、消基通5－4－3）。

2　＜契約Ａ＞について

　契約Ａは、契約締結から1年を経過するごとに10％ずつ、保証金を返還しないことが確定する契約です。したがって、その返還しないことが確定した日において、その返還しないことが確定した金額を資産の譲渡等の対価として認識します（消基通9－1－23）。中途解約により返還することとなった部分は課税されません。

　この契約Ａについては、敷金を受け取るのは契約締結の日であり、その後は実際に入金という事実がない中で、契約の定めに従って課税資産の譲渡等を認識しなければなりません。実務においては、相当に注意が必要になるといえるでしょう。

3　＜契約Ｂ＞について

　契約Ｂは、いわゆる建設協力金方式によって賃貸事業を行う場合の契約です。建設協力金方式によれば、賃貸人は、所有する土地の権利を保全し、賃貸事業のノウハウや自己資金がなくても、確実な賃貸事業を行うことができるというメリットがあります。

受け入れた保証金（建設協力金）は、その全額を返還することが予定されています。したがって、消費税の課税の対象となりません。ただし、保証金の返済額は、毎月の家賃から差し引かれ、賃貸人はその残金を受領することになりますから、例えば、月額家賃が120万円である場合は、返済額100万円を控除した残額20万円の入金となりますが、120万円の課税売上高を計上することになります。

契約Aと同様に、実際に入金という事実がない中で、契約の定めに従って建設協力金と相殺された金額に係る課税資産の譲渡等を認識しなければなりません。

また、賃貸人は、賃借人から預託を受けた保証金を建物の建設資金に充てているので、賃貸借契約を中途で解約しても、保証金を返還する資金はありません。したがって、契約には、「②賃借人が契約締結から７年を経過する日までに契約を解除した場合には、賃借人は保証金残額の返還請求権を放棄し、賃貸人はこれを返還しない。」という条項が置かれています。

例えば、契約から５年を経過し、賃借人の都合で契約を解除した場合は、保証金総額のうち、返済期日の到来していない6,000万円は放棄され返還しないものとなります。これは、建物の賃貸借契約を解除したことに起因して返還しないこととなるのであり、建物の貸付けの対価ではありませんから、消費税の課税の対象とはなりません。

4　＜契約Ｃ＞について

保証金のうち、不動産等の貸付期間が終了しなければ返還を要しないことが確定しない部分の金額がある場合には、その不動産の貸付けが終了した日の属する返還を要しないこととなった日の属する課税期間において行った資産の譲渡等に係る対価となります（消基通９－１－23）。

第3章　資産の譲渡等の時期と対価の額　　　199

　契約Cは、①期間満了まで貸付けを行ったときは全額を返金することとされていることから、契約を満了した場合には、課税資産の譲渡等の対価はありません。

　また、②3年以内に賃貸借契約を解除した場合又は③3年を超え6年以内に賃貸借契約を解除した場合には、返金しないこととなる金額が発生しますが、その敷金等を返還しないのは、資産の貸付けを行ったからではなく、資産の貸付けをやめたことに起因するということになります。

　そうすると、契約を中途で解除したために返還しないこととなる保証金は、資産の貸付けの対価ではなく、契約を解除したことに起因する逸失利益を補填するものであり、損害賠償金であるといえるでしょう。

　現実に貸付けをした期間の賃貸料を補填するものでない限り、資産の貸付けの対価には該当せず、消費税の課税の対象にはなりません。

200　　　第3章　資産の譲渡等の時期と対価の額

〔48〕　消費者に対するキャッシュバックサービス

> **事　例**　法人Xは、新製品キャンペーンの一環として、製品を購入した消費者に対して次のとおりキャッシュバックサービスを行うことにしました。
>
> ①　消費者は、小売店で製品を購入します。
>
> ②　購入者は、製品のパッケージに内包されているユーザー登録IDにより法人Xのホームページからキャッシュバックサービスへの登録を行います。
>
> ③　法人Xは、キャッシュバックサービスに登録された購入者の預金口座にキャッシュバックとして現金5,000円を振り込みます。
>
> なお、このキャッシュバックサービスは、登録を行った購入者全員を対象としており、懸賞として行われるものではありません。
>
> 消費税の課税関係は、どうなりますか。

判断のポイント

　法人Xが販売する製品の購入者は、法人Xが商品を譲渡する直接の相手方ではありませんが、法人Xの取引先に含まれ、キャッシュバックは、売上げに係る対価の返還等に該当することになります。

解　説

1　売上げに係る対価の返還等

　消費税法38条1項は、課税事業者が、国内において行った課税資産の譲渡等（輸出免税の適用があるものを除きます。）につき、返品を受

け、又は値引き若しくは割戻しをしたことにより、その課税資産の譲渡等の税込価額の全部若しくは一部の返還又は当該課税資産の譲渡等の税込価額に係る売掛金その他の債権の額の全部若しくは一部の減額（売上げに係る対価の返還等）をした場合には、その課税期間の課税標準額に対する消費税額から、売上げに係る対価の返還等の金額に係る消費税額の合計額を控除するものとしています（売上げに係る対価の返還等をした場合の消費税額の控除（以下「返還等対価に係る税額控除」といいます。））。

　また、消費税法基本通達14－1－2は、「事業者が販売促進の目的で販売奨励金等の対象とされる課税資産の販売数量、販売高等に応じて取引先（課税資産の販売の直接の相手方としての卸売業者等のほか販売先である小売業者等の取引関係者を含む。）に対して金銭により支払う販売奨励金等は、売上げに係る対価の返還等に該当する。」旨が規定されています。したがって、法人Xが販売する製品の購入者は、法人Xが商品を譲渡する直接の相手方ではありませんが、法人Xの取引先に含まれるものです。したがって、ご照会のような方法で、法人Xが製品の購入者に対し、もれなく行うキャッシュバックは、売上げに係る対価の返還等に該当することになります。

2　返還等対価に係る税額控除の適用要件

　返還等対価に係る税額控除の適用について、消費税法38条2項は、売上げに係る対価の返還等をした金額の明細を記録した帳簿の保存を適用の要件としており、次に掲げる事項を帳簿に整然と、かつ、明瞭に記録しなければならないものとしています（消税令58の2①）。

① 　売上げに係る対価の返還等を受けた者の氏名又は名称

② 　売上げに係る対価の返還等を行った年月日

③ 　売上げに係る対価の返還等の内容

④ 売上げに係る対価の返還等をした金額

　法人Xは、上記の事項を記録した帳簿を整理し、これをその閉鎖の日の属する課税期間の末日の翌日から2か月を経過した日から7年間、その事務所等に保存することを要件に、返還等対価に係る税額控除を行うことができます（消税令58の2②）。

　なお、災害その他やむを得ない事情により、その書類の保存をすることができなかったことをその事業者において証明した場合は、その保存がないときでも、税額控除の適用を受けることができます。

3　返還インボイス

　売上げに係る対価の返還等を行うインボイス発行事業者は、その売上げに係る対価の返還等を受ける事業者に対して、所定の事項を記載した返還インボイスを交付しなければなりません（消税57の4③）。

　ただし、その売上げに係る対価の返還等の金額（税込み）が1万円未満である場合には、その交付の義務が免除されます（消税57の4③、消税令70の9③二）。

　法人Xが行うキャッシュバックは5,000円であるため、返還インボイスを交付する必要はありません。返還インボイスを交付しなくても、上記2のとおり、所定の事項を記載した帳簿を保存することにより、返還等対価に係る税額控除の適用を受けることができます。

第 4 章

軽減税率適用の判断と
インボイス制度

204

第4章　軽減税率適用の判断とインボイス制度　　205

〔49〕　飲食料品の譲渡の判定

事　例　　当社は、食品衛生法に規定する「添加物」の販売を行っています。取引先である化粧品メーカーから、この添加物を化粧品の原材料として使用するため、適用税率を10％と記載したインボイスを交付するよう要請されました。

　この添加物の売上げについて適用税率を10％と記載したインボイスを交付しなければなりませんか。その場合、消費税の申告においても、標準税率が適用される課税資産の譲渡等の対価に区分することになりますか。

判断のポイント

　飲食料品であるかどうかの判断は、課税資産の譲渡等を行う事業者が主体的に行います。貴社において標準税率の対象であるとするかどうかは、標準税率に見合う価格改定を踏まえて検討してください。

解　説

1　飲食料品の範囲

　消費税法別表第1第1号は、その譲渡について軽減税率を適用する飲食料品を、次の①及び②と定めています。

| ① | 食品 | …食品表示法に規定する食品で、酒税法に規定する酒類を除く。 |
| ② | 一体資産 | …食品と食品以外の資産が一の資産を形成し、又は構成しているもののうち、一定の要件に該当するもの |

　食品表示法において、「食品」とは、「全ての飲食物（薬機法に規定

する医薬品等を除き、食品衛生法に規定する添加物を含む。)」とされています（食品表示2①）。また、食品の販売をする者は、「食品表示基準に従った表示がされていない食品の販売をしてはならない」とされています（食品表示5）。

この場合、食品の販売をする者は、食品関連事業者に限られず、食品の販売をする全ての者です（食品表示2③）。

したがって、「食品表示法に規定する食品」とは、販売する者の業種にかかわらず、人の飲用又は食用に供されるものとして販売されるものということになります。食品であるかどうかは、課税資産の譲渡等を行う事業者が主体的に判断します。

軽減税率	標準税率
販売する事業者が、人の飲用又は食用に供されるものとして譲渡した場合	販売する事業者が、人の飲用又は食用以外に供されるものとして譲渡した場合
↓	↓
顧客がそれ以外の目的で購入し、又はそれ以外の目的で使用したとしても、「飲食料品の譲渡」に該当し、軽減税率の適用対象となる。	顧客がそれを飲用又は食用に供する目的で購入し、又は実際に飲用又は食用に供したとしても、「飲食料品の譲渡」に該当せず、軽減税率の適用対象とならない。

なお、食品表示法が内閣総理大臣に内閣府令によって定めることを義務付ける食品表示基準は、「食品を消費者が安全に摂取し、及び自主的かつ合理的に選択するために必要と認められる事項を内容とする販売の用に供する食品に関する表示の基準」（食品表示4）であり、もとより、全ての食品を網羅的に掲げたものではありません。したがって、食品表示基準に記載されていないものであっても、人の飲用又は食用に供されるものとして販売されるものは食品となります。

第4章　軽減税率適用の判断とインボイス制度　　207

2　適用税率を10%と記載するインボイスの交付

　上述のとおり、飲食料品であるかどうかは課税資産の譲渡等を行う事業者が主体的に判断することとなるため、貴社が、取引先の化粧品メーカーの要請を受け、その添加物を食品衛生法に規定する添加物ではないものとして販売すれば、標準税率の適用対象である課税資産の譲渡等となります。

　この場合、インボイスには適用税率を10%と記載し、貴社の申告においては、標準税率の適用対象に区分することとなりますから、標準税率の適用は、その税率に見合った取引価額への改定ができるかどうかがポイントとなります。

208　　第4章　軽減税率適用の判断とインボイス制度

〔50〕　外食の判定

> **事例**　消費税法別表第1第1号は、「飲食料品を持帰りのための容器に入れ、又は包装を施して行う譲渡」は、軽減税率が適用される飲食料品の譲渡に該当すると規定しています。したがって、ファストフード店において持帰り用の容器に入れて販売するものは、全て軽減税率の対象と考えてよろしいですか。

判断のポイント

全てを軽減税率の対象とすることはできません。**顧客に意思確認をする必要があります。**

解　説

次の①及び②は、軽減税率の対象となる「飲食料品の譲渡」から除かれます（消税別表第1一）。

①　飲食店業等を営む者が行う食事の提供（テーブル、椅子、カウンターその他の飲食に用いられる設備のある場所において飲食料品を飲食させる役務の提供をいい、当該飲食料品を持帰りのための容器に入れ、又は包装を施して行う譲渡は、含まないものとする。）

②　課税資産の譲渡等の相手方が指定した場所において行う加熱、調理又は給仕等の役務を伴う飲食料品の提供（有料老人ホーム、学校等における給食を除く。）

①の「飲食店業等を営む者が行う食事の提供」（以下「外食」といいます。）については、「持帰りのための容器に入れ、又は包装を施して行う譲渡は、含まない」とされています。しかし、国税庁の軽減個別

第4章　軽減税率適用の判断とインボイス制度　　209

　Q＆A問52は、飲食スペースがある店舗において、全ての飲食料品を
持帰り用の包装で販売するときは、その全てに軽減税率が適用される
のではなく、「顧客に対して店内飲食か持ち帰りかの意思確認を行う
などの方法で、軽減税率の適用対象となるかならないかを判定してい
ただくこととなります」としています。

　店内飲食は皿に盛り、持帰りについては包装をする店舗においても、
その提供方法は顧客の希望に応じて決定します。したがって、外食に
該当するかどうかを決めるのは買手であるということになります。

　前事例との関係で整理すると、飲食料品であるかどうかの判定の主
体は売手であり、外食であるかどうかの判定の主体は買手であるとい
うことになります。

210　　第４章　軽減税率適用の判断とインボイス制度

〔51〕　一体資産の判定

事 例　当社は、洋菓子の製造販売を行っており、クリスマスには、ケーキとワインのセット商品が人気です。このセット商品は、あらかじめセットで包装したものの他、ケーキとワインを顧客がチョイスすることにも応じています。いずれも税込み8,000円の販売となりますが、適用税率の判断はどうなりますか。

　ケーキは、３種類ありますが、単品売価はいずれも税抜き5,000円の商品です。

　ワインは、４種類ありますが、単品売価はいずれも税抜き2,500円です。

判断のポイント

　食品と食品以外の資産があらかじめ一の資産を形成しているものは一体資産となります。１万円以下で、食品の価額の占める割合が３分の２以上である一体資産には、軽減税率が適用されます。

解　説

1　食品の範囲

　消費税法別表第１第１号は、その譲渡について軽減税率を適用する飲食料品を、次の①及び②と定めています。

①　食品　　…食品表示法に規定する食品で、酒税法に規定する酒類を除く。
②　一体資産…食品と食品以外の資産が一の資産を形成し、又は構成しているもののうち、一定の要件に該当するもの

第4章　軽減税率適用の判断とインボイス制度　　211

酒税法に規定する酒類の譲渡は、軽減税率の対象となりません。酒税法において酒類は、「アルコール分1度以上の飲料」と定められています（酒税2）。したがって、ワインは、軽減税率の対象ではありません。

2　一体資産となる場合

（1）　一体資産とは

食品と食品以外の資産があらかじめ一の資産を形成し、又は構成しているものであって、その一の資産に係る価格のみが提示されているものを「一体資産」といいます（消税令2の3一）。

例えば、菓子と玩具で構成されている「食玩」、食品と食品以外の商品で構成された福袋などは、「一体資産」に該当します。

（2）　一体資産の譲渡に係る税率

一体資産の譲渡は、原則として軽減税率の適用対象ではありません。

ただし、次のいずれの要件も満たすものは、飲食料品に該当するものとして、その譲渡全体に軽減税率が適用されます（消税別表第1一、消税令2の3一）。

① 食品と食品以外の資産が、あらかじめ一の資産を形成し、又は構成しているものであって、その一の資産に係る価格のみが提示されている一体資産であること

② 一体資産の譲渡の対価の額が1万円以下であること

③ 一体資産の価額のうちに、その一体資産に含まれる食品に係る部分の価額の占める割合として合理的な方法により計算した割合が3分の2以上であること

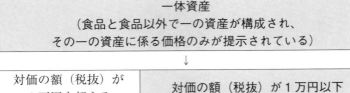

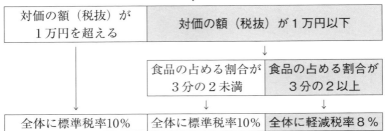

(3) 合理的な方法により計算した割合

上記(2)の「一体資産の価額のうちに、その一体資産に含まれる食品に係る部分の価額の占める割合として合理的な方法により計算した割合」とは、販売する商品や販売実態等に応じて、事業者が合理的に計算した割合です(消基通5－9－4)。

合理的な割合と認められるもの	・一体資産の譲渡に係る売価のうち、合理的に計算した食品の売価の占める割合 ・一体資産の譲渡に係る原価のうち、合理的に計算した食品の原価の占める割合 (原価に占める割合により計算を行う場合において、原価が日々変動するなど、その割合の計算が困難なときは、前課税期間における原価の実績等により合理的に計算することができる。)
認められないもの	売価又は原価と何ら関係のない、重量・表面積・容積等といった基準のみにより計算した割合

※小売業や卸売業等を営む事業者が、一体資産に該当する商品を仕入れて販売する場合において、販売する対価の額（税抜）が1万円以下であれ

第4章　軽減税率適用の判断とインボイス制度　　213

ば、その課税仕入れのときに仕入先が適用した税率をそのまま適用することができます（軽減個別Q＆A問96）。

3　一括譲渡となる場合

（1）　一体資産と一括譲渡

消費税法基本通達5－9－3は、食品と食品以外の資産が一の資産を形成し又は構成しているものであっても、次のようなものは一体資産に該当しないとしています。軽減対象課税資産の譲渡等とそれ以外とを一括して行う「一括譲渡」となります。

・食品と食品以外の資産を組み合わせた一の詰め合わせ商品について、当該詰め合わせ商品の価格とともに、これを構成する個々の商品の価格を内訳として提示している場合
・それぞれの商品の価格を提示して販売しているか否かにかかわらず、食品と食品以外の資産を、例えば「よりどり3品△△円」との価格を提示し、顧客が自由に組み合わせることができるようにして販売している場合

（2）　一括譲渡の対価の区分

軽減対象課税資産の譲渡等と標準税率適用の課税資産の譲渡等とを一括して行う「一括譲渡」である場合には、個々の商品ごとに適用税率を判定することとなります。

その一括譲渡に係る契約等において対価の額が合理的に区分されているときは、その契約等における合理的な区分によることになります。

対価の額が合理的に区分されていないときは、それぞれの資産の時価の比により区分します（消税令45③）。

214　　第4章　軽減税率適用の判断とインボイス制度

4　ケーキとワインのセット商品

（1）　あらかじめ一の資産を形成している場合

　貴社はクリスマス商品として、ケーキとワインをあらかじめセット
で包装したものを税込み8,000円で販売しています。このセット商品
は、食品と食品以外の資産があらかじめ一の資産を形成し、又は構成
しているものであって、その一の資産に係る価格のみが提示されてい
るものですから、「一体資産」に該当します。

　そして、その一体資産の価額が税抜き１万円以下であること、また、
ケーキの単品売価が5,000円で、ワインの単品売価が2,500円であるこ
とから、セット価額に対してケーキに係る部分の価額の占める割合が
３分の２以上となりますから、このセット商品の販売は飲食料品の譲
渡、すなわち軽減対象課税資産の譲渡等となります。

　この場合に交付する簡易インボイスは、例えば次のような記載にな
ります。

<u>領　収　書</u>

　　　　　　　　　　　　　　③　　××年12月24日

　　①　○○ケーキ店　　②　T 1234567890123

品　　名	金額（税込み）
期間限定！ クリスマスケーキ＆ワインセット　※　④	8,000円
合　　計（消費税率８％）　⑥	⑤　8,000円

※は軽減税率対象　④

簡易インボイスの記載事項

①　売手の名称

② 登録番号

③ 課税資産の譲渡等の年月日

④ 課税資産の譲渡等の内容

⑤ 対価の額の合計額

⑥ 消費税額等又は適用税率

（2） 顧客が選択できる場合

　セット商品の販売方法として、ケーキ又はワインの種類を顧客が選択する場合は、「あらかじめ一の資産を形成し、又は構成しているもの」ではないので、一体資産には該当しません。

　一括譲渡となり、軽減税率及び標準税率の適用対象となる対価の額は、次のように算出します。

---

① 軽減税率対象の課税資産の譲渡等の対価の額（税込み）

$$8,000円 \times \frac{5,400円}{5,400円 + 2,750円} = 5,300円$$

② 標準税率対象の課税資産の譲渡等の対価の額（税込み）

$$8,000円 - 5,300円 = 2,700円$$

　この場合の対応として、全てのセットのパターンを一体資産として提示する方法が考えられます。ケーキが3種類、ワインが4種類ですから、選択のパターンは12通りです。12通りのセット商品をメニューに準備して、顧客がセット商品を選択するようにすれば、そのセット商品は一体資産ですから、対価の額の全部に軽減税率を適用することができます。

クリスマスフェア
すべて税込8,000円

スペシャルセット	生クリームケーキAセット	：生クリームケーキと赤ワイン
	生クリームケーキBセット	：生クリームケーキと白ワイン
	生クリームケーキCセット	：生クリームケーキとスパークリングワイン
	生クリームケーキDセット	：生クリームケーキと樽貯蔵白ワイン
ラグジュアリーセット	チョコレートケーキAセット	：チョコレートケーキと赤ワイン
	チョコレートケーキBセット	：チョコレートケーキと白ワイン
	チョコレートケーキCセット	：チョコレートケーキとスパークリングワイン
	チョコレートケーキDセット	：チョコレートケーキと樽貯蔵白ワイン
ホームリーセット	シュトーレンAセット	：シュトーレンと赤ワイン
	シュトーレンBセット	：シュトーレンと白ワイン
	シュトーレンCセット	：シュトーレンとスパークリングワイン
	シュトーレンDセット	：シュトーレンと樽貯蔵白ワイン

第4章　軽減税率適用の判断とインボイス制度　　217

〔52〕　マンション管理組合のインボイス発行事業者の登録

事　例　　事例〔15〕において、マンション管理組合Xが行う区分所有者以外の者への駐車場の賃貸が課税資産の譲渡等となることを確認しました。マンション管理組合Xはこれまで課税資産の譲渡等に係る事業を行ったことはありませんが、新たに区分所有者以外の者への駐車場の賃貸を行う場合、インボイス発行事業者の登録をしてインボイスを交付することができるのでしょうか。

判断のポイント

　マンション管理組合は、インボイス発行事業者の登録をすることができます。

解　説

1　マンション管理組合の納税義務

　法人でない管理組合は人格のない社団等に該当し、人格のない社団等は、法人とみなされて消費税の納税義務者となります。したがって、マンション管理組合Xは、課税事業者を選択してインボイス発行事業者の登録申請を行った場合には、消費税法57条の2第5項1号ロに掲げる登録拒否要件に該当しない限り、インボイス発行事業者の登録を受けることができます。

　登録拒否要件とは、消費税法の規定に違反して罰金以上の刑に処せられ、その執行を終わり、又は執行を受けることがなくなった日から

２年を経過しない者であることです（消税57の２⑤）（国外事業者については、その他にも「納税管理人の届出をしていないこと」などの登録拒否要件があります（消税57の２⑤）。）。

　マンション管理組合がインボイス発行事業者の登録を受けた場合には、課税資産の譲渡等に該当することとなる区分所有者以外の者への駐車場の貸付けについて、インボイスを交付することとなります。

　消費税の納税義務者は課税資産の譲渡等を行う事業者ですが、その税負担は最終消費に転嫁することを予定しており、インボイス発行事業者の登録により新たに課税事業者となった場合には消費税の価格転嫁が問題となります。

　賃貸料の改定については、規約の改訂や現に存する賃借人への説明など、多くの作業が必要となります。計画と準備を整えて進めてください。

2　新たに課税資産の譲渡等を行う場合の登録の時期

（1）　課税期間の初日の登録

　登録を受けようとする事業者が、事業を開始した日の属する課税期間の初日からインボイス発行事業者の登録を受けようとする旨を記載した登録申請書をその課税期間の末日までに提出した場合には、その課税期間の初日から登録を受けることができます（消税令70の４）。

　「事業を開始した日の属する課税期間」とは、次の課税期間をいいます（消税規26の４）。

---

　① 事業者が国内において課税資産の譲渡等に係る事業を開始した日の属する課税期間
　② 法人が吸収合併によりインボイス発行事業者である被合併法人の事業を承継した日の属する課税期間
　③ 法人が吸収分割によりインボイス発行事業者である分割法人の事業を承継した日の属する課税期間

第4章　軽減税率適用の判断とインボイス制度　　219

　管理組合Ｘは、これまで課税資産の譲渡等に係る事業を行ったことがないため、新たに区分所有者以外の者への駐車場の賃貸を開始する課税期間は、①の「事業者が国内において課税資産の譲渡等に係る事業を開始した日の属する課税期間」に該当することとなります。

（2）　課税期間の途中の登録

　免税事業者がインボイス発行事業者の登録を受けるためには、課税事業者を選択する必要があります。令和11年９月30日までの日の属する課税期間においては、課税事業者選択届出書を提出することなく、登録申請書の提出によって課税事業者となり、インボイス発行事業者となる経過措置が設けられています（消税平28法15改正附則44④）。

　課税事業者選択届出書は、課税期間ごとに課税事業者となることを選択するものですが、この６年間は課税事業者選択届出書の提出が不要なので、課税期間の途中から登録することができます。

　この場合、登録申請書の提出日から15日を経過する日以後の日を登録希望日として記載します。具体的には、登録希望日の「２週前の日の前日」までに、例えば、登録希望日が火曜日であれば、２週前の月曜日までに申請しなければなりません。

　この手続により、管理組合Ｘは、駐車場の貸付けの開始の時期に合わせてインボイス発行事業者の登録を行うことができます。

3　登録しない場合の請求書等

　免税事業者が作成する請求書等に、消費税額等の記載を禁止する法令はありません。国税庁は、「免税事業者は、取引に課される消費税がないことから、請求書等に『消費税額』等を表示して別途消費税相当額等を受け取るといったことは消費税の仕組み上、予定されていません」(軽減個別Ｑ＆Ａ問111)と説明する一方で、インボイス発行事業者の登

録をしていない者に支払う報酬・料金の源泉徴収について、「『請求書等』とは、報酬・料金等の支払を受ける者が発行する請求書や納品書等であればよく、必ずしも適格請求書（インボイス）である必要はありませんので、適格請求書発行事業者以外の事業者が発行する請求書等において、報酬・料金等の額と消費税等の額が明確に区分されている場合には、その報酬・料金等の額のみを源泉徴収の対象とする金額として差し支えありません」としています（国税庁令3・12・9「インボイス制度開始後の報酬・料金等に対する源泉徴収」）。

しかし、登録番号の記載のない請求書等に消費税額等の記載がある場合には、取引額として買手の納得を得にくい状況となることは想像に難くありません。

登録をしないで免税事業者のまま賃貸事業を開始する場合には、請求書等への消費税額等の表示は避けるべきです。

4　免税事業者の価格設定の考え方

しかし、これは、あくまでも表示の問題です。

免税事業者には、仕入税額控除の規定は適用されないから（消税30①）、免税事業者が課税仕入れ等について負担した消費税額等は免税事業者のコストとなり、その分だけ本体価格が高くなるというのが、免税事業者の価格形成の考え方です。このように控除できない消費税等相当額を組み込んだ価格設定を行うことができれば、あえて課税事業者となってインボイスを交付することを選択する必要は乏しいといえるでしょう。

また、賃借人が消費者である場合には、そもそもインボイスを交付する必要はありません（消税57の4①）。

第4章　軽減税率適用の判断とインボイス制度　　221

〔53〕　端数値引きがある場合のインボイス

事　例　　当社は、売上代金の請求に当たって端数を切り捨
てて金額を丸める出精値引きを行っています。イン
ボイスの記載はどうなりますか。

判断のポイント

　値引き後の金額でインボイスに記載する方法と、値引き額に係
る返還インボイスの記載事項を加える方法があります。

解　説

1　課税資産の譲渡等の対価の額から直接減額して処理する方法
　これから行う課税売上げの値引き（値下げ販売）である場合、イン
ボイスには、値下げ後の対価の額の合計額とこれに対する消費税額等
を記載します。

　インボイスの記載事項
　①　売手の名称
　②　登録番号
　③　課税資産の譲渡等の年月日
　④　課税資産の譲渡等の内容
　⑤　対価の額の合計額
　⑥　適用税率
　⑦　消費税額等
　⑧　買手の名称

第4章　軽減税率適用の判断とインボイス制度

請　求　書

(株)○○御中　⑧　　　　　　　　　　　　　　　　　××年10月31日

　　　　　　　　　　　　　①　△△(株)　②　T1234567890123

日　付		品　名		金　額	税込金額
10月1日	⟩	ラミネートフィルム	⟩	1,023,850	1,126,235
10月2日	③	PROサーバー本体	④	826,950	909,645
10月2日		PROサーバーカートリッジ		87,890	96,679
…		……		……	……
合　計		適用税率10%　⑥		8,561,800	9,417,980
値　引　き					△17,980
御請求金額				⑤	9,400,000
うち、消費税額等				⑦	854,545

2　売上対価の返還等として処理する場合

　既に実現した課税売上げに対する値引きである場合は、返還インボイスを交付することとなります。

　税込1万円未満の対価の返還等については返還インボイスの交付は不要ですが、税込1万円以上の値引きについては返還インボイスを交付する義務があります（消税57の4③⑥、消税令70の9③二）。

　インボイスと返還インボイスは、それぞれに必要な記載事項を一枚の書類に記載して交付することができるので、出精値引きを行う場合

第4章　軽減税率適用の判断とインボイス制度　　223

は、その出精値引きを行うインボイスに返還インボイスの記載事項を
加えることになります。

　返還インボイスの記載事項

① 　売手の名称

② 　登録番号

③ 　対価の返還等を行う年月日

④ 　対価の返還等のもとになる課税売上げの年月日

⑤ 　対価の返還等のもとになる取引の内容

⑥ 　対価の返還等の金額

⑦ 　対価の返還等の金額に係る消費税額等又は適用税率

請　求　書

(株)○○御中　　　　　　　　　　　　　　　　③ 　××年10月31日

　　　　　　　　　　　　　① 　△△(株)　　② 　T 1234567890123

日　付	品　名	金　額
10月1日 ⎫	ラミネートフィルム ⎫	1,023,850
10月2日 ⎬ ④	PROサーバー本体 ⎬ ⑤	826,950
10月2日 ⎭	PROサーバーカートリッジ ⎭	87,890
…	……	……
合　計	適用税率10% ⑦	8,561,800
	外消費税額等	856,180
総　　　計		9,417,980
値　引　き		⑥ 　△17,980
御請求金額		9,400,000

224　第4章　軽減税率適用の判断とインボイス制度

　この場合、その出精値引きは既に行った個々の取引のいずれかに対して値引きを行う性質のものではなく、その請求全体に対する値引きであるため、「⑤　対価の返還等のもとになる取引の内容」は、記載する必要はありません。

　単一税率の場合は、端数値引きについて、⑥の「対価の返還等の金額」を記載すれば足ります。

第4章　軽減税率適用の判断とインボイス制度　　225

〔54〕　軽減税率・標準税率の売上合計額からの一括値引き

事　例　　法人Aは、飲食料品と生活雑貨の小売業を営んでおり、インボイス発行事業者の登録をしています。販売促進のため、一定額以上の購入をした顧客には、次回の購入時に、1,000円又は購入金額の10％のいずれか低い金額の値引きを行うクーポンを発行しています。クーポンは、一回の決済で複数使用することはできません。

　この値引きについて、返還インボイスを交付する義務がありますか。また、返還等対価に係る税額控除はどうなりますか。

判断のポイント

　税込1万円未満の対価の返還等について返還インボイスを交付する義務はありませんが、その交付により標準税率から優先して対価の返還等を行ったものとすることができます。

解　説

1　インボイス及び返還インボイスの交付義務

　インボイス発行事業者は、課税資産の譲渡等を行った場合において、その譲渡等を受ける課税事業者から求められたときは、適格請求書を交付しなければなりません（消税57の4①）。

　また、売上げに係る対価の返還等を行った場合には、返還インボイスを交付しなければなりません。

2 交付義務の免除

(1) インボイスの交付義務の免除

次の取引については、事業の性質上、インボイスを交付することが困難であると考えられるため、その交付義務が免除されます（消税57の4①、消税令70の9②、消税規26の6）。

売手のインボイスの交付義務の免除
・3万円未満の公共交通機関（船舶、バス又は鉄道）による旅客の運送 ・3万円未満の自動販売機・自動サービス機による商品の販売等 ・郵便切手を対価とする郵便サービス（郵便ポストに差し出されたものに限る） ・出荷者が卸売市場において行う生鮮食料品等の譲渡（出荷者から委託を受けた受託者が卸売業務として行うものに限る） ・生産者が農協、漁協、森林組合等に委託して行う農林水産物の譲渡（無条件委託方式かつ共同計算方式による場合に限る）

(2) 返還インボイスの交付義務の免除

① 上記(1)の取引

上記(1)のインボイスの交付義務が免除される課税資産の譲渡等について行った対価の返還等については、返還インボイスの交付義務も免除されます（消税57の4③、消税令70の9③）。

② 1万円未満の対価の返還等

税込1万円未満の対価の返還等については、返還インボイスの交付義務が免除されます（消税57の4③）。

3 適用税率ごとの値引額

軽減税率適用の課税資産の譲渡等と標準税率適用の課税資産の譲渡等について、その合計額から一括して値引きを行う場合、その適用税率ごとの値引額又は値引額控除後の対価の額が明らかでないときは、

第4章 軽減税率適用の判断とインボイス制度 227

これらの資産の譲渡等に係る価額の比により按分して、適用税率ごとの値引額を算出することとなります（軽減税率通達15）。

しかし、顧客に交付する領収書等の書類により適用税率ごとの値引額又は値引額控除後の対価の額が確認できるときは、それが価額の比により按分したものでなくても、適用税率ごとに合理的に区分されているものと認められます（軽減税率通達15）。

4　値下げ販売か対価の返還等か

クーポンの利用による代金の値引きは、資産の譲渡等の値下げ販売であり、クーポンの利用による値下げ後の金額がその資産の譲渡等の対価の額となるものと考えられます。

ただし、クーポンの利用前の対価の額について一旦売上げが実現し、クーポンによる値引き部分を対価の返還等と評価することもできます（インボイスＱ＆Ａ問69）。

5　値下げ販売として処理する方法

クーポンによる値引きを値下げ販売と認識した場合、インボイスには、適用税率ごとに値下げ後の対価の額とこれに対する消費税額等を記載することになります。

その値引きは、税率ごとの対価の額の比による必要はありませんから、インボイスには、その値引き額を標準税率適用の課税資産の譲渡等の対価の額から優先的に控除し、その控除後の金額を対価の額として記載し、これに係る消費税額等を記載することができます。

6　売上対価の返還等として処理する場合

（1）　交付義務の免除

ご質問の場合、クーポンによる値引きは、1,000円又は購入金額の

10％のいずれか低い金額であり、一回の決済で複数使用することができないとのことですから、返還インボイスを交付する義務はありません。

また、返還インボイスの交付は対価の返還等に係る税額控除の要件ではありません。返還等対価に係る税額控除の適用要件は、その売上げに係る対価の返還等をした金額の明細を記録した帳簿の保存をすることです（消税38②）。

したがって返還インボイスの交付をしなくても、所定の事項を記載した帳簿を保存して返還等対価に係る税額控除の適用を受けることができます。

（2）　適用税率ごとの金額

ただし、顧客に対して適用税率を明示するか否かは、返還等対価に係る税額の計算に影響します。

上述のとおり、顧客に交付する領収書等の書類により適用税率ごとの値引額又は値引額控除後の対価の額が確認できるときは、それが価額の比により按分したものでなくても、適用税率ごとに合理的に区分されているものと認められます（軽減税率通達15）。

小売業においては、簡易インボイスを交付することができますから、一般に、顧客に交付する領収書等は簡易インボイスであるレシートであり、その簡易インボイスに適用税率ごとの値引額又は値引額控除後の対価の額を記載すると、そのレシートは、簡易インボイスと返還インボイスを兼ねた書類となります。返還インボイスをレシートとは別の書類としてあつらえる必要はありません。

すなわち、その値引きの金額が1万円未満であっても、あえて返還インボイスを交付する（簡易インボイスであるレシートに適用税率ごとの値引き額又は値引き後の金額を記載する）ことによって、標準税率適用の課税資産の譲渡等から優先的に対価の返還等に係る税額控除

第4章　軽減税率適用の判断とインボイス制度　　229

を適用することが可能となります。

　返還インボイスの記載事項

①　売手の名称

②　登録番号

③　対価の返還等を行う年月日

④　対価の返還等のもとになる課税売上げの年月日

⑤　対価の返還等のもとになる取引の内容

⑥　対価の返還等の金額

⑦　対価の返還等の金額に係る消費税額等又は適用税率

	レシート	
③④	××年10月31日	

①　●▼ショップ　　○○店　②　T 1234567890123

品名		金額（税込み）
リンゴ※		800
牛肉※ ⑤		4,200
タオル		5,000
合計	税率8％	5,000円 （消費税等370円）
	税率10％	5,000円 （消費税等454円）
クーポン値引き10%　⑦		⑥　△1,000円
お買上金額		9,000円

※は軽減税率　⑤

230　　第４章　軽減税率適用の判断とインボイス制度

〔55〕　輸送費の立替実費精算

事　例　　私は、りんご農園を経営する個人事業者であり、インボイス発行事業者の登録をしています。りんごの保管や輸送については温度管理が重要であり、特に丁寧な取扱いをすることから、輸送費は多額になります。

　今年は、3,000万円のりんごの売上げに対して2,200万円の輸送費を支払いました。この輸送費は、納品先と実費精算をすることとなっており、りんごの代金の請求書に併記して請求しています。

　私は簡易課税制度を選択しており、本年分の消費税の申告書は簡易課税制度を適用することになりますが、この輸送費は課税売上げとなりますか。

判断のポイント

　実費精算を行う輸送費は、立替処理を行うことによって、課税資産の譲渡等の対価としないことができます。

解　説

1　簡易課税制度の適用がある場合

　あなたは、簡易課税制度を適用しています。したがって、輸送費が課税資産の譲渡等の対価になると、その消費税額にみなし仕入率を乗じた金額が控除対象仕入税額となります。運送は、第五種事業（サービス業等）に該当し（消基通13－２－４）、みなし仕入率は50％ですから、実費で精算し同額を他の事業者に支払っており一切の利益を得ていないにもかかわらず、2,200万円の輸送費につき、消費税額及び地方消費税額の合計で100万円が納付すべき消費税額となります。

第4章　軽減税率適用の判断とインボイス制度　　231

　また、農業、林業又は漁業のうち、飲食料品の譲渡を行う部分については、第二種事業に該当することとなるので、生産したりんごの譲渡に係るみなし仕入率は、80％となります（消基通13－2－4（注）1）。

2　立替処理

　消費税法基本通達10－1－16は、「課税資産の譲渡等に係る相手先から、他の者に委託する配送等に係る料金を課税資産の譲渡の対価の額と明確に区分して収受し、当該料金を預り金又は仮受金等として処理している場合の、当該料金は、当該事業者における課税資産の譲渡等の対価の額に含めないものとして差し支えない」としています。

　輸送費は実費精算であり、納品先が支払うべき輸送費を預かって輸送業者に支払ったにすぎないと認められるので、立替処理を行うことによって、課税資産の譲渡等としないことができます。この場合、納品先には、次のようなインボイスを交付することになります。

　（1）　輸送費のインボイスの宛名が納品先である場合

　輸送業者から交付を受けたインボイスに記載された「書類の交付を受ける事業者の氏名又は名称」が納品先の名称である場合には、そのインボイスを納品先に交付して輸送費の精算をすることができます。あなたが作成するインボイスには、輸送費についての記載は不要です。

　（2）　輸送費のインボイスの宛名があなたである場合

　輸送業者から交付を受けたインボイスに「書類の交付を受ける事業者の氏名又は名称」としてあなたの名前が記載されている場合には、納品先はそのインボイスを保存しても、仕入税額控除に係る請求書等の保存の要件を満たすことはできません。

　あなたが、その輸送費に係る課税仕入れが納品先に帰属するものであることを明らかにする立替金精算書を作成すれば、納品先は、あなたが宛名となっているインボイスとその立替金精算書をあわせて保存することにより、請求書等の保存の要件を満たすことになります。

この場合の立替金精算書は、その立替えに係るインボイスを添付していることが分かる程度の記載でよく、輸送業者の登録番号や消費税額等を記載する必要もありません。りんごの請求書に追加して記載してもかまいません。

　また、複数者分の輸送料を一括して立替払しているため、受領したインボイスに他者の情報が記載されている場合やコピーが大量となる場合などそのインボイスやそのコピーを交付することが困難であるときは、あなたがそのインボイスを保存し、納品先には立替金精算書のみを交付することもできます。

　この場合は、立替金精算書には、納品先の負担額、仕入先の名称及びその立替金精算書の保存をもってインボイス保存の要件を満たす旨など、課税仕入れを行う事業者が仕入税額控除の適用を受けるに当たっての必要な事項が記載されている必要があります。

　複数者分の一括立替えであるために、インボイスを交付せず立替金精算者のみを交付する場合は、例えば、次のような記載となります。

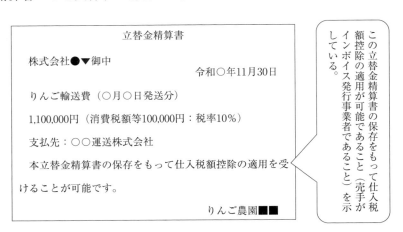

※売手の登録番号は、必要に応じてお知らせできるようにしておきましょう。

第4章　軽減税率適用の判断とインボイス制度　　233

〔56〕　委託販売におけるインボイスの交付

> **事　例**　　委託販売を行う場合、インボイスの交付はどうなりますか。

判断のポイント

委託販売については、代理交付又は媒介者交付特例により、業務の受託者がインボイスを交付することになります。

解　説

委託販売においては、受託者が委託者に代わってインボイスを交付する「代理交付」が原則となります。

ただし、事業者の事務負担に配慮して、受託者が受託者の名称と登録番号を記載したインボイスを交付する「媒介者交付特例」が設けられています。

また、農業協同組合等が受託者となる「農協特例」、及び卸売市場の卸売業者が受託者となる「卸売市場特例」は、委託者のインボイスの交付義務を免除し、その受託者がインボイスに代わる書類を交付する特例です。

1　代理交付

委託者Aが商品の販売を受託者Bに委託した場合、顧客に対して課税資産の譲渡等を行っているのは委託者Aですから、本来、委託者Aが顧客に対してインボイスを交付しなければなりません。

しかし、委託販売では、通常、委託者Aは顧客と接触する機会を持

ちません。そこで、受託者Bが、委託者Aの氏名又は名称及び登録番号を記載したインボイスを、顧客に代理交付することができます。

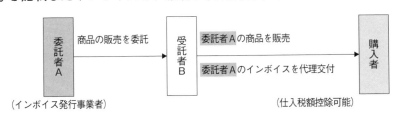

2　媒介者交付特例

　受託者が複数の委託者の商品を一括して販売する等、受託者が代理して委託者のインボイスを交付することが難しい場合も考えられます。そこで、委託者及び受託者の双方がインボイス発行事業者であることを要件として、「媒介者交付特例」が設けられています。インボイス発行事業者が、媒介者等を介して課税資産の譲渡等を行う場合において、その媒介者等がインボイス発行事業者であるときは、その媒介等を行う受託者は、委託者の課税資産の譲渡等について、受託者の氏名又は名称及び登録番号を記載したインボイスを、顧客に交付することができます（消税令70の12①）。

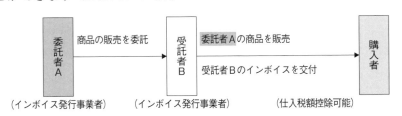

3　媒介者交付特例の適用範囲

　例えば、請求書の発行及び代金回収の代行を行う会社が、その受託業務においてインボイスを交付する場合に、媒介者交付特例を適用す

第4章　軽減税率適用の判断とインボイス制度　　235

ることができるでしょうか。

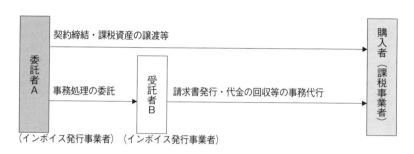

消費税法施行令70条の12第1項は、次のように定めています。

> 　適格請求書発行事業者が、媒介又は取次ぎに係る業務を行う者（適格請求書発行事業者に限る。以下この条において「媒介者等」という。）を介して国内において課税資産の譲渡等を行う場合において、当該媒介者等が当該課税資産の譲渡等の時までに当該事業者から登録を受けている旨の通知を受けているときは、当該媒介者等は、当該課税資産の譲渡等を受ける他の者に対し……当該媒介者等の氏名又は名称及び……登録番号を記載した当該課税資産の譲渡等に係る適格請求書等又は適格請求書等に記載すべき事項に係る電磁的記録を当該事業者に代わって交付し、又は提供することができる。この場合において、当該媒介者等は、財務省令で定めるところにより、当該適格請求書等の写し又は当該電磁的記録を保存しなければならない。（下線は筆者が付記）

　この規定は、「媒介者等を介して国内において課税資産の譲渡等を行う場合」には、媒介者交付特例を適用することができるものと定めているので、課税資産の譲渡等についての委託がなく、事務処理や集金代行のみを委託している場合には、媒介者交付特例の対象とならないように見えます。

　ただし、この場合であっても、消費税法基本通達1－8－9は、次のとおり、媒介者交付特例を適用することができるとしています。

> 　令第70条の12第1項≪媒介者等による適格請求書等の交付の特例≫に

236 第4章 軽減税率適用の判断とインボイス制度

規定する「媒介者等を介して国内において課税資産の譲渡等を行う場合」
には、委託販売のように課税資産の譲渡等を第三者に委託している場合
のほか、課税資産の譲渡等に関する代金の精算や請求書等の交付を第三
者に委託している場合もこれに含まれることに留意する。

4　インボイスの交付と保存

　委託販売を行う委託者は、自己に帰属する課税資産の譲渡等につい
て、交付したインボイスの写しを保存する義務があります（消税57の4
①②⑥）。したがって、委託者A及び受託者Bは、次の対応が必要です
（消税令70の12①③④、消基通1－8－10～11、インボイスQ＆A問48）。

委託者Aの対応
①　自己が登録を受けている旨を取引前に通知する。
➤個々の取引の都度通知する、事前に登録番号を書面等により通知する、基本契約等により委託者の登録番号を記載するなどの方法による。
②　自己がインボイス発行事業者でなくなった場合には、その旨を速やかに受託者Bに通知する。
③　受託者Bから交付されたインボイスの写しを保存する。

受託者Bの対応
①　交付したインボイスの写し又は提供した電子データを速やかに委託者Aに交付又は提供する。
➤例えば、そのインボイスに複数の委託者に係る記載がある場合や、多数の購入者に対して日々インボイスを交付するためコピーが大量になる場合など、インボイスの写しをそのまま交付することが困難であるときは、インボイスの交付に代えて、その委託に係るインボイスの記載事項を記載した精算書等を交付することができる。
②　媒介者交付特例においては、交付したインボイスの写し又は提供した電子データを保存する義務がある。精算書等を交付した場合は、その精算書等の写しを保存する。

第4章　軽減税率適用の判断とインボイス制度　　237

〔57〕　軽油の委託販売

事　例　　　法人Ｘは、サービスステーション（給油所。以下
SSといいます。）を経営しています。軽油の販売に
ついて委託販売方式によっています。インボイス制度への対応は
どうなりますか。

判断のポイント

　軽油の委託販売契約を締結することにより、軽油引取税相当額
を課税対象外の収入とすることができます。

解　説

1　軽油引取税の概要

　軽油引取税は、都道府県が課税主体となる地方税であり、軽油の使
用者と、道路整備、交通事故対策、救急医療対策、地域環境対策とい
った行政サービスを供給する地方団体との応益関係に着目して課税す
る普通税です。

（1）　課税標準と税率

　軽油引取税は、軽油の数量を課税標準とする従量税です。

　本則としての税率は、軽油1kL当たり15,000円と定められています
（地税144の10）が、当分の間、軽油1kL当たり32,100円を課税すること
とされています（地税附則12の2の8）。

（2）　納税義務者と特別徴収義務者

　軽油引取税の納税義務者は、特約業者又は元売業者（以下「特約店」
といいます。）から現実の納入を伴う軽油の引取りを行う者です（地税

144の2①)。

　軽油引取税の徴収は特別徴収の方法によるものとされており（地税144の13）、軽油を引き渡す特約店は、特別徴収義務者として、軽油の引取りを行う者から軽油引取税を徴収し、1か月分をまとめて翌月末日までに都道府県に申告納付する義務を負います（地税144の14①②）。

2　消費税の課税関係

（1）　特別徴収義務者であるかどうかによる違い

　特別徴収する軽油引取税は、課税資産の譲渡等の対価の額には含まれません（消基通10－1－11）。

　これに対し、特約店から軽油の引取りを行うSS事業者は特別徴収義務者ではないため、特約店（特別徴収義務者）とSS事業者（納税義務者）とで、軽油の販売について、消費税の取扱いに次のような違いが生じます。

① 　特約店（特別徴収義務者）が軽油を販売する場合には、特別徴収税額である軽油引取税の額は消費税の課税の対象となりません。軽油引取税の額を除いた軽油本体価格が課税の対象となります。

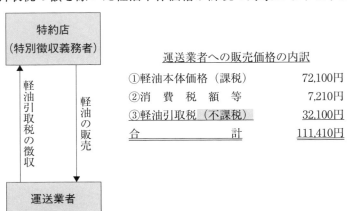

② SS事業者（納税義務者）が軽油を販売する場合には、SS事業者は軽油引取税の特別徴収義務者ではないので、軽油引取税相当額を含む販売価格全体が消費税の課税の対象となります。

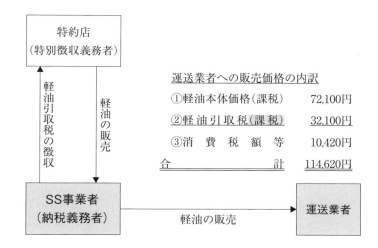

（２）　委託販売方式による二重課税の解消

上述のとおり、SS事業者においては、特別徴収された軽油引取税相当額に消費税が課税されるタックスオンタックスの問題が生じます。

そこで、全国石油商業組合連合会では、課税当局と協議の結果、委託販売方式によりこの問題を解決しています。軽油の委託販売方式とは、次のような方式です。

① SS事業者が仕入先の特約店（特別徴収義務者）との間で、軽油に関する委託販売契約を締結する。仕入先が複数ある場合は、全ての仕入先と委託販売契約を締結する。
② SS事業者は、帳簿等に印を付すなど、委託販売であることを証する事務処理を行う。
③ 消費税の申告に当たっては、軽油の売上高と仕入高との差額を委託販売手数料として課税資産の譲渡等の対価の額とする。経理処理につ

いては、売上げ及び仕入れの両建処理も認められる。

　上記の処理を適正に行うことにより、SS事業者においても、特約店と同様に、軽油本体価格を消費税の課税対象として軽油の販売をすることが可能とされています。

3　軽油販売におけるインボイス対応

（1）　委託販売におけるインボイスの交付

　インボイス制度において、委託販売を行う委託者は、自己に帰属する課税資産の譲渡等について、交付したインボイスの写しを保存する義務があります（消税57の4①②⑥）。

　そこで、受託者は、交付したインボイスの写しを保存するとともに、その写しを速やかに委託者に交付するものとされています。ただし、インボイスに複数の事業者に係る記載があるなどによりそのインボイスの写しをそのまま交付することが困難な場合には、インボイスの交付に代えて、その事業者に係るインボイスの記載事項を記載した精算書等を交付することができます。この場合には、交付した精算書等の写しを保存する必要があります（消基通1−8−11、インボイスQ&A問48）。

（2）　軽油販売における媒介者交付特例の適用

　軽油の委託販売については、SS事業者におけるインボイスの交付枚数が大量となり、特約店への交付のインフラがありません。また、SS事業者は、これまで特約店に対して委託販売報告書等の提出は行っていませんでした。さらに、複数の特約店から軽油を購入している場合には毎回の販売についていずれから仕入れたものであるかを特定することができないという問題もあります。

　そこで、SS事業者から特約店へのインボイスの写しの交付を省略

第4章　軽減税率適用の判断とインボイス制度　　241

し、特約店がSS事業者に交付した「請求書」を双方が保存することにより、媒介者交付特例における精算書等の交付があったものと認めることとされました。

- 　「媒介者交付特例」においては、受託者が、委託者に交付する「適格請求書（インボイス）の写し」については、例えば、複数の委託者の商品を販売した場合や、多数の購入者に対して日々適格請求書を交付する場合などで、コピーが大量になるなど、適格請求書の写しそのものを交付することが困難な場合には、適格請求書の写しと相互の関連が明確な「精算書等」の書類等を交付することで差し支えないとされている。
- 　このように、インボイスの写しに代えて、インボイスの写しが大量にあって交付が困難な場合等には、精算書等に代えることができることとされていることから、これまでの軽油委託販売方式の経緯を踏まえ、また、SSは特約店からの仕入価額と同額で購入者に軽油を販売していると観念（※）することを前提に、<u>特約店がSSに交付した「請求書」の控えを保存すること及びSSが特約店から交付を受けた「請求書」を保存することをもって、SSから特約店に対して当該精算書等の交付があったものとして媒介者交付特例を適用することとして差し支えないものと整理することにする。</u>
  - ※　SSから購入者への販売価格を、委託販売分（特約店からの仕入れ価格と同額）とSSの取引（販売価格と仕入価格との差額）に分けて観念。この点、SSは購入者に対し、委託販売分と自らの取引を対価の額や税額について区分することなく一のインボイス等に記載することができる。
- 　よって、軽油取引におけるインボイス対応については、実務的には、①特約店が販売店に出している通常の請求書をインボイス対応してもらい、②販売店は購入者に対して、SSで発行するレシート等によりインボイス対応することで差し支えないものとする。

（出典：全国石油商業組合連合会「軽油委託販売におけるインボイス対応について」7頁）

242　　第4章　軽減税率適用の判断とインボイス制度

〔58〕　委託販売における純額処理とインボイスの保存

事　例　　当社は、商品販売を他の事業者に委託していますが、この度、免税事業者を受託者とし、消費税額等を上乗せしない委託販売手数料を設定することを検討しています。

　免税事業者に委託販売手数料を支払った場合、インボイスの交付を受けることができないため、仕入税額控除の適用はできません。

　しかし、顧客への売上対価から受託者に支払う委託販売手数料の額を控除した金額を課税資産の譲渡等の金額とする、いわゆる純額処理によれば、課税仕入れとして委託販売手数料を計上することはなく、これに係る仕入税額控除もありません。したがって、課税資産の譲渡等の金額を圧縮することにより、実質的に、消費税を支払わない免税事業者からの課税仕入れについて、仕入税額控除を適用するのと同じ効果が得られると考えています。間違いはないでしょうか。

判断のポイント

　インボイスの保存が必要であるかどうかは、経理処理のいかんにかかわらず、課税資産の譲渡等の事実によって判断します。受託者が免税事業者である場合は、委託者において純額処理を行うことはできません。

解　説

1　委託者が保存するインボイス

　委託販売等に係る委託者においては、受託者が委託商品の譲渡等を

第4章 軽減税率適用の判断とインボイス制度

したことに伴い収受する金額を委託者における資産の譲渡等の金額とし、受託者に支払う委託販売手数料を課税仕入れとするのが原則です。

ただし、特例として、標準税率の課税資産の譲渡等のみを行う委託販売等においては、その課税期間中に行った委託販売等の全てについて、その課税資産の譲渡等の対価の額から受託者に支払う委託販売手数料を控除した残額を委託者における課税資産の譲渡等の金額とする純額処理が認められています（消基通10-1-12）。

この場合、原則又は特例のいずれの経理処理を行うかにかかわらず、受託者に支払う委託販売手数料に係るインボイスの保存が必要です（インボイスＱ＆Ａ問123）。

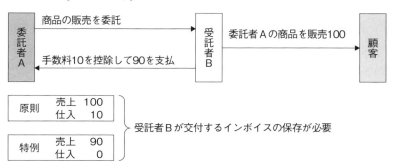

受託者に支払う委託販売手数料（課税仕入れ）を控除した残額を委託者における資産の譲渡等の金額とするためには、その委託販売手数料に係るインボイスの保存が必要ですから、受託者が免税事業者である場合には、純額処理は認められません。

2 受託者が保存するインボイス

次に、受託者におけるインボイスの保存について考えてみましょう。

委託販売等に係る受託者においては、委託者から受ける委託販売手数料を役務の提供の対価とするのが原則です。ただし、特例として、標準税率の課税資産の譲渡等のみを行う受託業務については、委託さ

れた商品の譲渡等に伴い収受する金額を課税資産の譲渡等の金額とし、委託者に支払う金額を課税仕入れの対価の額とすることが認められています（消基通10－1－12）。

この場合、委託者に支払う対価の額について仕入税額控除を適用することになりますが、その課税仕入れは事実として存在するものではないので、委託者にインボイスを交付する義務はありません。したがって、受託者においてインボイスの保存は不要です（インボイスＱ＆Ａ問124）。

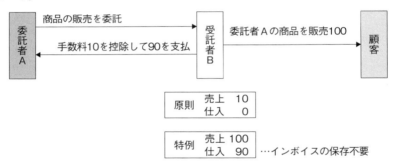

第4章　軽減税率適用の判断とインボイス制度　　245

〔59〕　個人事業者からの家事用資産の購入

事　例　　当社は古物商を営んでいます。インボイス発行事業者である個人事業者の家事用資産を購入した場合、仕入税額控除を適用することはできるでしょうか。

判断のポイント

　インボイス発行事業者である個人事業者の家事用資産を購入した場合、古物商特例の適用があります。

解　説

1　帳簿及び請求書等の保存の要件

　国内において行った課税仕入れについては、原則として、帳簿及び請求書等を保存しない場合には、その保存がない課税仕入れの税額については、仕入税額控除を適用することはできません（消税30⑦）。

　保存するべき請求書等は、インボイス発行事業者が交付するインボイス又は簡易インボイス、インボイスの記載事項が記載された仕入明細書等の書類で、その記載事項につき相手方の確認を受けたもの等とされています（消税30⑨・57の4①②⑤、インボイスＱ＆Ａ問84）。

2　請求書等の保存を要しない課税仕入れ

　次に掲げる課税仕入れについては、請求書等の保存は必要なく、所定の事項を記載した帳簿の保存により、仕入税額控除の要件を満たすこととなります（消税30⑦、消税令49①1一、消税規15の4）。

（1）　売手のインボイスの交付義務が免除されるもの

①　公共交通機関特例の対象としてインボイスの交付義務が免除される３万円未満の公共交通機関による旅客の運送

②　郵便切手特例の対象としてインボイスの交付義務が免除される郵便切手類のみを対価とする郵便・貨物サービス（郵便ポストに差し出されたものに限ります。）

③　自動販売機特例の対象としてインボイスの交付義務が免除される３万円未満の自動販売機及び自動サービス機からの商品の購入等

（2）　インボイス発行事業者以外からの仕入れが常態であるもの

④　古物営業を営む者のインボイス発行事業者でない者からの古物（古物営業を営む者の棚卸資産に該当するものに限ります。）の購入（以下「古物商特例」といいます。）

⑤　質屋を営む者のインボイス発行事業者でない者からの質物（質屋を営む者の棚卸資産に該当するものに限ります。）の取得（以下「質屋特例」といいます。）

⑥　宅地建物取引業を営む者のインボイス発行事業者でない者からの建物（宅地建物取引業を営む者の棚卸資産に該当するものに限ります。）の購入（以下「宅建業特例」といいます。）

⑦　インボイス発行事業者でない者からの再生資源及び再生部品（購入者の棚卸資産に該当するものに限ります。）の購入（以下「再生資源特例」といいます。）

⑧　従業員等に支給する通常必要と認められる出張旅費等（出張旅費、宿泊費、日当及び通勤手当）（以下「出張旅費特例」といいます。）

（3）　簡易インボイスが回収されるもの

⑨　簡易インボイスの記載事項（取引年月日を除きます。）が記載されている入場券等が使用の際に回収される取引（①に該当するものを除きます。）

（1）　帳簿の記載事項

帳簿には、通常必要な記載事項に加え、上記①～⑨のいずれかに該当する旨の記載が必要となります（消税令49①一、令和５年８月10日国税庁告示26号）。

第4章　軽減税率適用の判断とインボイス制度　　　247

（2）　「④　古物商特例」「⑤　質屋特例」「⑥　宅建業特例」

　「④　古物商特例」「⑤　質屋特例」「⑥　宅建業特例」については、古物営業法、質屋営業法又は宅地建物取引業法により、業務に関する帳簿等へ相手方の氏名及び住所を記載することとされているものは、住所又は所在地の記載が必要です。

　また、買取りの相手方が「インボイス発行事業者でないこと」が要件となっているので、事業の実態に応じた方法で、買取りの相手方がインボイス発行事業者でないことを客観的に明らかにしておく必要があります。例えば、買取りの際に相手方に記載させる書類に、インボイス発行事業者か否かのチェック欄を設けるなどの方法が考えられます。

　なお、古物商が、古物営業法上の「古物」に該当しないもの（例：金、白金の地金等）を、古物営業と同等の取引方法（古物台帳に記帳する等）により買い受ける場合には、その仕入れも古物商特例の対象となります（消税令49①一ハ（1）、消税規15の3、消基通11－6－3）。

（3）　「⑦　再生資源特例」

　「⑦　再生資源特例」については、事業者から購入する場合には、その事業者の住所又は所在地の記載が必要です（令和5年8月10日国税庁告示26号）。つまり、買取りの相手方がインボイス発行事業者である場合はインボイスの保存が必要、インボイス発行事業者でない事業者である場合は、帳簿への住所又は所在地の記載が必要となります。

　また、不特定かつ多数の者から課税仕入れを行う事業に係る課税仕入れについては仕入先の氏名の記載は省略することができます（消税令49②）。したがって、買取りの相手方が事業者でない場合は、帳簿に仕入先の氏名を記載する必要はありません。

第4章　軽減税率適用の判断とインボイス制度

買取りの相手方		仕入税額控除の要件
事業者	インボイス発行事業者	帳簿及びインボイスの保存が必要
	インボイス発行事業者でない	インボイスの保存は不要 帳簿の記載事項 ・この特例の対象である旨を追加 ・買取りの相手方の住所又は所在地を追加
事業者でない		インボイスの保存は不要 帳簿の記載事項 ・この特例の対象である旨を追加 ・仕入先の氏名の記載は不要

3　仕入明細書による仕入税額控除の制限と古物商特例等

（1）　原　則

　インボイス発行事業者である個人が、家事用の資産を売却等した場合には、その売上げは消費税の課税対象外であり、インボイスを交付することができません。また、買手が仕入明細書を作成しても、仕入明細書等による仕入税額控除はその課税仕入れが売手において課税資産の譲渡等に該当する場合に限ることとされています（消税30⑨三）。

（2）　古物商特例

　上述のとおり、古物商を営む者が、インボイス発行事業者でない者から古物を棚卸資産として購入する場合、インボイスの保存は不要です。古物商特例の対象であることを帳簿に記載して保存することにより、仕入税額控除が認められます（消税令49①一、消税規15の4）。

　インボイス発行事業者である個人事業者から家事用資産又は事業家事併用資産を購入した場合にも、これらの特例が適用されます。

　売手がインボイス発行事業者であるかどうか、あるいは家事用資産

第4章 軽減税率適用の判断とインボイス制度 249

であるかどうかの確認は、各事業者の事業の実態に合わせて行えばよく、売手の情報を記入してもらう書類にインボイス発行事業者かどうかの確認欄を設ける方法や、買取明細書等において事業用割合と家事用割合を区分して記載する欄を基に判定する方法等が想定されます。

例えば、「家事用割合100％、事業用割合０％」と記載した買取明細書等を作成して売手側の確認を受け、内容に関する申出等がない場合には、消費者からの仕入れであると判断して帳簿のみ保存の特例により仕入税額控除を適用して問題ありません。

また、インボイス発行事業者の登録を受けている個人事業者からマイホームを購入した場合には宅建業特例の適用があり、質屋特例及び再生資源買取特例についても、同様の取扱いとなります。

250　　第4章　軽減税率適用の判断とインボイス制度

〔60〕　出向社員に係る通勤手当等

事　例　　子会社である当社は、親会社と出向契約を締結して、出向社員の給料に相当する額を給与負担金として支払います。また、旅費、通勤費、日当などの実費をも支払うこととし、親会社B社は、それをそのまま出向者に支給しています。

この場合、子会社が給与負担金と区別して支払う旅費などは、子会社の課税仕入れとなるのでしょうか。課税仕入れとなる場合、親会社B社からインボイスの交付を受ける必要があるのでしょうか。

判断のポイント

給与負担金とは別に親会社に支払う旅費等については、自社の従業員に支払う出張旅費や通勤手当と同様に、出張旅費特例の適用があります。

解　説

1　給与負担金と区別して支払う出張旅費等

親会社（出向元）から社員の出向を受ける場合において、子会社（出向先）が出向元に対して支払う給与負担金は、本来出向先が出向社員に対して支払うべき給与に相当する金額です。

したがって、出向元において、給与負担金は資産の譲渡等の対価に該当せず、課税の対象となりません（消基通5－5－10）。また、出向先が支出する給与負担金は課税仕入れではありません。

第4章　軽減税率適用の判断とインボイス制度　　251

　ただし、出向社員の旅費等（旅費、通勤費、日当など）を給与負担金と区別して支払い、出向元がこれを預かって出向者に支払うことが出向契約等において明らかにされている場合には、これらの旅費等は、自社の社員への支払と同様に、課税仕入れに該当することになります。出向元においては預り金であり、課税資産の譲渡等の対価ではありません。

　ただし、出向元が預かって出向者に支払うことが出向契約等において明らかでない場合には、給与負担金の一部であり、課税仕入れではありません。

2　出張旅費特例の適用

　インボイス発行事業者は、国内において課税資産の譲渡等を行った場合において、その課税資産の譲渡等を受ける事業者（課税事業者に限ります。）から求められたときは、インボイスを交付しなければなりません（消税57の4①）。

　出向元において、給与負担金は課税対象外の収入であり、課税資産の譲渡等を認識しません。

　また、出向社員に支給すべき旅費等に相当する金額を預かり、それをそのまま出向社員に支払う場合には、上述のとおり、課税資産の譲渡等を認識しません。インボイスの交付の義務は、「国内において課税資産の譲渡等を行った場合」に生じるものであり、出向元は、課税資産の譲渡等に該当しないその旅費等の預かりについて、インボイスを交付する義務はありません。

　出向先においては、自社の従業員に支払う出張旅費や通勤手当と同様に、出張旅費特例（消税令49①一、消税規15の4二・三）の適用があります。

　出張旅費特例とは、次の取扱いをいいます。

第4章 軽減税率適用の判断とインボイス制度

- ・ 従業員等に支給する出張旅費、宿泊費、日当等のうち、その旅行に通常必要であると認められる部分の金額については、課税仕入れに係る支払対価の額に該当し、所得税が非課税となる範囲内（所基通9−3）で、帳簿のみの保存で仕入税額控除が認められる（消税令49①一ニ、消税規15の4二、消基通11−6−4）。
- ・ 従業員等に支給する通勤手当のうち、通勤に通常必要と認められる部分の金額についても、課税仕入れに係る支払対価の額として取り扱われ、帳簿のみの保存で仕入税額控除が認められる（消税令49①一ニ、消税規15の4三、消基通11−6−5）。

第 5 章

税理士の業務上の責任

254

第5章　税理士の業務上の責任　　　255

〔61〕　事前通知がないことに抗議するため調査拒否した税理士の責任

事　例　　当社は、国税局の調査担当者が事前通知を行うことなく当社の営業者に臨場して調査を開始しようとしたので、当社の顧問税理士に連絡したところ、税理士は、事前通知のない違法調査であるとして調査担当者を営業所から退去させました。税理士は、国税通則法74条の10該当の事前通知を要しない理由の説明を求め、その回答がない限りこのような違法な調査に応じる必要はないと当社に説明し、その後、約1年4か月の長期間にわたって、税務職員から調査に応じるよう説得されたにもかかわらず、また、税務署から「帳簿等を提示しない場合は仕入税額控除を否認せざるを得ないこともある」と通知を受けたにもかかわらず、調査に応じることはありませんでした。

　そうしたところ、税務署より、「調査において帳簿等の提示の求めに応じなかったことにより消費税法30条7項の『事業者が当該課税期間の課税仕入等の税額の控除に係る帳簿及び請求書等を保存しない場合』に該当する」として、調査対象とされた課税期間の控除対象仕入税額をゼロとする更正処分が行われ、この処分の取消しを求めて訴訟に及びましたが、その訴えは退けられ裁判は確定しました。

　当社は、仕入税額控除の適用を受けるために必要な帳簿及び請求書等の保存をしていたのですが、税理士により調査拒否の方針が貫かれたため、その帳簿及び請求書等は調査担当者に提示されることはなく、更正処分に至りました。

　税理士には、税務代理の受任について、税務に関する専門家として調査に適切に対応し、誤った対応により不要の課税処分を受

256　　　第5章　税理士の業務上の責任

けないよう職務を遂行すべき善良な管理者の注意義務があります
が、当社の顧問税理士はそれを怠ったといわざるを得ません。税
理士の対応は、税務代理委任契約上の善管注意義務及び指導助言
義務に違反するものであり、更正処分による増額等に係る消費税
等及び過少申告加算税に相当する金額の賠償請求を行おうと考え
ています。

判断のポイント

　事前通知がないことを理由に税務調査を拒否し続け、帳簿及び
請求書等の保存がないとして仕入税額控除を否認する更正処分が
行われた場合において、その拒否が税理士の指導によるものであ
るときは、納税者は損害賠償請求をすることが想定されます。

【参照】東京地裁令和元年11月21日判決（税務訴訟資料269号−120（順号13343）、
　　　　TAINSコードZ269−13343）、東京高裁令和2年8月26日判決（税務訴訟
　　　　資料270号−81（順号13441））、最高裁令和3年2月12日決定（税務訴訟
　　　　資料271号−22（順号13524））、最高裁平成16年12月16日判決（税務訴訟
　　　　資料254号−353（順号9860）、判例タイムズ1175号135頁、訟務月報51巻
　　　　10号2621頁、TAINSコードZ254−9860）、最高裁平成16年12月20日判決
　　　　（税務訴訟資料254号−363（順号9870）、判例タイムズ1176号130頁、判
　　　　例時報1889号42頁、TAINSコードZ254−9870）、千葉地裁令和3年12月
　　　　24日判決（平30（ワ）768号、TAINSコードZ999−0179）

解　説

1　調査時における帳簿の保存と提示

（1）　最高裁判例

　税務調査の拒否を理由に帳簿等の不提示は帳簿の不存在に当たると
する最初の最高裁判例は、平成16年12月16日の判決です。おおむね、

次のように示されています。

　国税通則法16条1項1号に定める申告納税方式においては、納税義務者のする申告が事実に基づいて適正に行われることが肝要であり、必要に応じて税務署長等がこの点を確認することができなければなりません。そこで、消費税法58条は、事業者に対して、帳簿を備え付けてこれに資産の譲渡等に関する事項を記録した上で保存することを義務付けており、国税庁、国税局又は税務署の職員（以下「税務職員」といいます。）は、必要があるときは、事業者の帳簿書類を検査して申告が適正に行われたかどうかを調査することができるものとされています（税通74の2①三）。税務署長が適正に更正処分等を行うことができるよう、税務職員の検査を拒み、妨げ、又は忌避した者に対しては罰則が定められています（税通127）。そうすると、消費税法が帳簿の備付け、記録及び保存を義務付けているのは、その帳簿が税務職員による検査の対象となり得ることを前提にしていることが明らかです。

　同様に、消費税法30条7項は、その課税期間の課税仕入れ等の税額の控除に係る帳簿又は請求書等が税務職員による検査の対象となり得ることを前提にしているのであり、国内において行った課税仕入れについては、事業者が、消費税法30条8項1号に定められた事項が記載されている帳簿を保存し、同条9項1号から4号までに定める請求書等を保存している場合において、税務職員がそれらを検査することにより課税仕入れの事実を調査することが可能であるときに限り、仕入税額控除を適用することができることを明らかにするものであると解されています。

　また、消費税法施行令50条1項は、帳簿及び請求書等を整理し、所定の日から7年間、これを納税地又はその取引に係る事務所等の所在地に保存しなければならないことを定めています。これは、国税の更正、決定等の期間制限を定める国税通則法70条が、その5項において、

その更正又は決定に係る国税の法定申告期限等から7年を経過する日まで更正、決定等をすることができると定めているところと符合します。

消費税法30条7項の規定の反面として、事業者が帳簿及び請求書等を保存していない場合には仕入税額控除が適用されないことになりますが、このような法的不利益が特に定められたのは、資産の譲渡等が連鎖的に行われる中で、広く資産の譲渡等に課税するという消費税により適正な税収を確保するには、帳簿及び請求書等という確実な資料を保存させることが必要不可欠であると判断されたためであると考えられます。

そうすると、消費税法施行令50条1項の定めるとおり、消費税法30条7項に規定する帳簿及び請求書等を整理し、これらを所定の期間及び場所において、国税通則法74条の2第1項3号に基づく税務職員による検査に当たって適時にこれを提示することが可能なように態勢を整えて保存していなかった場合は、消費税法30条7項にいう「事業者が当該課税期間の課税仕入れ等の税額の控除に係る帳簿及び請求書等を保存しない場合」に当たり、事業者が災害その他やむを得ない事情により当該保存をすることができなかったことを証明しない限り、その保存がない課税仕入れに係る課税仕入れ等の税額については、仕入税額控除の規定は適用されないものと解されています。

ただし、これに続く平成16年12月20日の最高裁判決には、次のような滝井繁雄判事の反対意見が付されています。

・ 　法が仕入税額の控除にこのような限定を設けたのは、あくまで消費税を円滑かつ適正に転嫁するために（税制改革法11条1項）、一定の要件を備えた帳簿等という確実な証拠を確保する必要があると判断したためであって、法30条7項の規定も、課税資産の譲渡等の対価に着実に課税が行われると同時に、課税仕入れに係る税額もまた確

第5章　税理士の業務上の責任　　259

実に控除されるという制度の理念に即して解釈されなければならないのである。

・　多数意見のように、事業者がそのように態勢を整えて保存することをしていなかった場合には、やむを得ない事情によりこれをすることができなかったことを証明した場合を除き、仕入税額の控除を認めないものと解することは、結局、事業者が検査に対して帳簿等を正当な理由なく提示しなかったことをもって、これを保存しなかったものと同視するに帰着するといわざるを得ないのであり、そのような理由により消費税額算定の重要な要素である仕入税額控除の規定を適用しないという解釈は、申告納税制度の趣旨及び仕組み、並びに法30条7項の趣旨をどのように強調しても採り得ないものと考える。

（2）　合理的な理由のない調査拒否

ご質問によれば、税理士は、国税通則法74条の10該当の事前通知を要しない理由の説明を求め、その回答がない限りこのような違法な調査に応じる必要はないとして、その後、約1年4か月もの長期間にわたって税務職員から調査に応じるよう説得されたにもかかわらず、また、税務署から「帳簿等を提示しない場合は仕入税額控除を否認せざるを得ないこともある」と通知を受けたにもかかわらず、調査に応じることはありませんでした。

国税通則法74条の10は、税務署長等が調査の相手方である納税義務者の申告若しくは過去の調査結果の内容又はその営む事業内容に関する情報その他国税庁等が保有する情報に鑑み、調査の適正な遂行に支障を及ぼすおそれがあると認める場合に適用されるものであり、このような情報の性質上、これを当該納税義務者に開示することは想定されていないと解されています。

また、先の最高裁判決は、客観的状況により帳簿等の保存のないこ

とが強く推認される事案ですが、ご質問の場合は、所定の帳簿等を保存していたとのことです。しかし、調査担当者が仕入税額控除の否認の可能性があることについて説明していたにもかかわらず、また、調査担当者による帳簿等の提示の求めに応じ難いとする合理的理由はなかったにもかかわらず調査を拒み続けたということですから、合理的理由なく帳簿等の提示を拒み続けたという点では基本的な事実関係を共通にするものといえ、税務職員による帳簿等の検査に当たって適時にこれを提示することが可能なように態勢を整えて保存していたといえないと判断されたものでしょう。

2 税理士の善管注意義務違反

　税理士は、調査の開始から終了まで、主として、調査が事前通知を行うことなく開始されたことの違法を主張してその対応を拒否するという方針でした。帳簿書類を提示し税務調査に応ずることを求められ、これに応じなければ、青色申告の承認の取消処分を受け、消費税の仕入税額控除を否認されるといった重大な不利益処分がされる可能性があることが税務職員から明示されたにもかかわらず、調査に応ずることを拒否するというそれまでの方針を維持することの可否について、課税当局の対応見込みを踏まえて貴社と真摯に検討することなく、更正処分に至りました。

　税理士は、委任の本旨に従い、善良な管理者の注意をもって、委任に係る税務代理に関する事務を処理する義務を負います（民644）。貴社の顧問税理士は、貴社から全ての国税に関わる税務代理を全般的に受任した税理士であり、税務に関する専門家として、独立した公正な立場において、全ての国税に関わる貴社の正当な利益を実現し又は保持するため、善良な管理者の注意をもって、当該委任に係る税務代理に関する事務を処理する義務を負っていました。

第5章　税理士の業務上の責任　　261

　したがって、調査の状況と見通しを客観的かつ真摯に説明し、十分に知識、情報を与えられた上での貴社からの指示ないし同意を得て、青色申告の承認による税法上の特典を受けることができなくなることや、本来受けることができた消費税の仕入税額控除を否認されることがないよう、細心の注意をもって、適切に対応を行う義務を負っていたというべきです。

　ところが、重大な不利益処分がされる可能性があることが明示されたにもかかわらず、事前通知がなかったことを理由に調査を拒否するという方針を維持することの可否について、貴社と真摯に検討することがないまま、最後まで、調査に応ずることを拒否するという自らが立てた方針に拘泥し、他人から税務代理を受任した税理士が負う善管注意義務及び指導助言義務に違反しているといえます。

　貴社は、そのことによって、帳簿書類を提示し税務調査に応ずる機会を失い、更正処分を受けるに至ったのですから、これによって生じた損害の賠償を請求することができると考えられます。

262　　第5章　税理士の業務上の責任

〔62〕　税理士の病気と簡易課税制度選択届出に係る「やむを得ない事情」

事　例　　法人Xは、不動産賃貸業を営む株式会社であり、事業年度は1月1日から12月31日までの1年間です。数年前より税理士Aと顧問契約を締結し、税務代理等を委任しています。税理士Aから、翌課税期間（○2年課税期間）において簡易課税制度を適用するためには、簡易課税制度選択届出書を○1年12月末までに提出する必要があると説明され、税理士Aが作成した簡易課税制度選択届出書を受け取り、これに代表者が記名押印して○1年12月25日に税理士Aの事務所に郵送しました。

この郵便は、12月27日に、税理士Aの事務所に届きましたが、事務所のスタッフはこれを開封せず、また、当日病気であった税理士Aの体調を気遣って郵便が届いているという連絡もしませんでした。

税理士Aは、○1年12月26日頃から体調が優れず、38度5分の発熱があり、医師に電話で相談したところ「解熱剤の入った感冒薬を飲み、外出せずに静養するように」との指示を受け、自宅で安静にしていました。この病状は翌年1月3日頃まで続きました。

税理士Aは、年末年始の休業明けの1月7日に出勤して、簡易課税制度選択届出書を提出していないことに気付き、即日、簡易課税制度選択届出書と併せて、簡易課税制度選択届出に係る特例承認申請書を提出しました。特例申請書の「課税期間の初日の前日までに提出できなかった事情」欄に、「○1年12月26日に、顧問税理士宛に選択届出書を記名押印の上郵送したが、顧問税理士が

第5章 税理士の業務上の責任 263

体調不良により数日間伏せていたため、期限までに提出していないことが判明した。」と記載しています。

ところが、本日、法人Xに対し、所轄税務署から、簡易課税制度選択届出に係る特例承認申請を却下する旨の書面が送付されました。

簡易課税制度選択届出書を所定の時期に提出しなかったのは、税理士Aが病気であったためであり、法人Xは税理士Aが病気であったことも知りませんでした。したがって、法人Xに過失はなく、法人Xの責めに帰することができないのですから、「やむを得ない事情」であったと考えられ、特例が認められないことには納得ができません。何か、方法はないでしょうか。

判断のポイント

税理士が病気を理由に業務を遂行しなかった場合に、「やむを得ない事情」が認められる可能性は、相当低いと考えられます。

【参照】平成26年7月11日裁決（TAINSコードF0－5－145）

解 説

1 やむを得ない事情の範囲

簡易課税制度の適用を受けるためには、事業者は、原則として、その適用を受けようとする課税期間が開始する前に、簡易課税制度選択届出書を所轄税務署長に提出しなければなりません。

ただし、「やむを得ない事情」があるため、その適用を受けようとする課税期間の初日の前日までに簡易課税制度選択届出書を提出できなかった場合において、所轄税務署長の承認を受けたときは、その届出

書がその適用を受けようとする課税期間の初日の前日に所轄税務署長に提出されたものとみなす特例があります（消税37⑧、消税令57の2①）。

この特例の適用に当たり、「やむを得ない事情」とは、次のような場合をいいます（消基通13－1－5の2・1－4－16）。

① 震災、風水害、雪害、凍害、落雷、雪崩、がけ崩れ、地滑り、火山の噴火等の天災又は火災その他の人的災害で自己の責任によらないものに基因する災害が発生したことにより、届出書の提出ができない状態になったと認められる場合
② 上記①に規定する災害に準ずるような状況又は当該事業者の責めに帰することができない状態にあることにより、届出書の提出ができない状態になったと認められる場合
③ その課税期間の末日前おおむね1か月以内に相続があったことにより、当該相続に係る相続人が新たに届出書を提出できる個人事業者となった場合
④ ①から③までに準ずる事情がある場合で、税務署長がやむを得ないと認めた場合

この特例の趣旨は、災害等により届出書を提出できなかった場合にまで手続の原則を貫くことは事業者に酷過ぎることとなるから、天災又は自己の責任によらない火災などの人的災害の発生や、これらの災害に準ずるような状況により、課税期間の初日の前日までに届出書の提出ができない状態であったと認められる場合は、所轄税務署長の承認を要件として、特に事後の提出を認めるというものであるといえるでしょう。

したがって、「やむを得ない事情」は、基本的には天災やそれに準ずるような事情等をいうものであって、例えば租税に関する知識不足や誤解等の主観や、その事業者の個人的な事情、届出書の提出を失念した場合などは含まれません。

第5章　税理士の業務上の責任 265

2　税理士の病気とやむを得ない事情

　簡易課税制度選択届出書が所定の時期までに提出がされなかったのは、税理士Aが急な発熱のため仕事を休んでいて郵便物を開封していなかったためです。

　法人Xは、自身は〇1年中に提出ができるように、代表者が記名押印した簡易課税制度選択届出書を税理士Aに送付しており、関与税理士の病気を知らなかったことに過失はなく、消費税法基本通達1－4－16に示された「当該事業者の責に帰することができない状態」であって、消費税法施行令57条の2第1項に規定する「やむを得ない事情」に該当するとお考えのようです。

　しかし、法人Xは、自らの意思と責任において、税理士Aに関与税理士として税務代理等を委任し、簡易課税制度選択届出書等の提出など、法人Xが簡易課税制度の適用を受けるための手続をするように依頼しています。そうすると、受任者である税理士の行為は、委任者である法人Xの責任の範囲内の行為であると解され、「やむを得ない事情」の存否については、基本的に受任した税理士を基準に判断するべきであるということになります。

　税理士Aは、簡易課税制度選択届出書を12月末までに提出する必要があることを認識の上、作成した簡易課税制度選択届出書を法人X宛に送付しており、法人Xが記名押印したものの返送を受けて年内に税務署に提出する予定でした。そうすると、税理士Aは、自ら、簡易課税制度選択届出書を12月末までに提出できるよう手配しなければならなかったといえます。

　受任者である税理士において、「やむを得ない事情」があったかどうかは、その具体的状況等により個別に判断すべきものですが、税理士Aの病状は、12月26日頃から発熱し、医師の指示に基づき感冒薬を服用し、翌年1月3日頃まで自宅で安静にしていたという程度のもので

した。これについて税務署長は、天災又は自己の責任によらない火災などの人的災害の発生や、これらの災害に準ずるような状況又は自己の責めに帰することができない状態にあることにより、届出書の提出ができない状態になったというような「やむを得ない事情」があったとはいえない、と判断したものでしょう。

3　対応の検討

（1）　不服申立て

税務署長が行った処分に不服があるときは、その処分の取消しや変更を求める不服申立てを行うことができます（税通75③）。不服申立ての具体的な手続は、「再調査の請求」及び「審査請求」です（税通75①）。

【再調査の請求】

税務署長が行った処分に不服があるときは、処分の通知を受けた日の翌日から3か月以内に、税務署長に対して「再調査の請求」を行うことができます（税通77①）。

税務署長は、その処分が正しかったかどうか、改めて見直し、その結果を「再調査決定書」により納税者に通知します（税通84⑦⑩）。

【審査請求】

再調査の請求を行った後、その決定後の処分になお不服があるときには、「審査請求」を行うことができます。また、再調査の請求を経ずに審査請求を行うこともできます（税通75①）。再調査の請求をした場合であっても、その請求から3か月を経過しても再調査の請求に係る決定がない場合には、その決定を待たず、審査請求を行うことができます（税通75④）。

税務署長に対する再調査の請求を経てから行う場合には、再調査決定書により通知された日の翌日から1か月以内に、直接審査請求を行う場合には、承認却下の処分の通知を受けた日の翌日から3か月以内

第5章　税理士の業務上の責任　　267

に、それぞれ審査請求書を国税不服審判所長に提出する必要があります（税通77①②）。国税不服審判所長は、納税者の不服の内容について審査し、その結果を「裁決書」により納税者と税務署長に通知します（税通98②③・101①③）。

【訴　訟】

国税不服審判所長の裁決を受けた後、なお処分に不服があるときは、その通知を受けた日の翌日から6か月以内に、裁判所に「訴訟」を提起することができます（行訴14①）。

再調査の請求	再調査の請求の時期	処分の通知を受けた日の翌日から3か月以内
	再調査の請求先	原処分庁である所轄税務署長等
審査請求	審査請求の時期	①　再調査決定書の送達を受けた日の翌日から1か月以内 ②　再調査の請求を経ずに審査請求をする場合は、処分の通知を受けた日の翌日から3か月以内
	審査請求先	国税不服審判所長
訴　訟	訴訟提起の時期	裁決の通知を受けた日の翌日から6か月以内
	訴訟の提起先	地方裁判所

ただし、ご照会の事実関係からして、不服申立て又は訴訟により、税務署長が行った処分が変更される可能性は低いと考えられ、また、その手続及び審理には、相当の時間と労力が必要となります。

（2）　課税期間の特例の選択

現実的な将来に向かっての対応策としては、課税期間の特例により課税期間を短縮して、翌事業年度を待たず、簡易課税制度の適用を開始する方法が考えられます。

268 第5章 税理士の業務上の責任

　法人の課税期間は、原則として事業年度ですが、所轄税務署長に「課税期間特例選択・変更届出書」を提出した場合は、その事業年度をその開始の日以後3か月ごと又は1か月ごとに区分した各期間が課税期間となります（消税19①二・四・四の二）。

　例えば、課税期間を1か月ごととする旨を記載した課税期間特例選択・変更届出書を○2年1月末日までに提出すれば、○2年1月1日から12月31日までの事業年度以後は、毎月ごとの課税期間となり、○2年1月7日に提出した簡易課税制度選択届出書の効力は、○2年2月1日から生じることになります。

　また、3か月ごとに短縮し、簡易課税制度選択届出書の効力を○2年4月1日から生じさせることもできます。

　なお、課税期間の特例選択不適用届出書は、事業を廃止した場合を除き、その選択の効力が生ずる日から2年を経過する日の属する課税期間（短縮された課税期間）の初日以後でなければ、提出することができません。

　したがって、簡易課税制度と同様に、少なくとも2年間は継続して適用することとなり、選択から2年間は、1か月ごと（課税期間を3か月とすることを選択した場合は3か月ごと）に、簡易課税制度を適用して確定申告書を提出することとなります。

＜著者略歴＞

金井　恵美子（かない　えみこ）

平成 4 年　税理士試験合格
平成 5 年　税理士登録
　　　　　金井恵美子税理士事務所開設
平成15年　（財）日本税務研究センター「日税研究賞」入選

　現在、金井恵美子税理士事務所所長。全国の税理士会、研修機関等において精力的に講演活動を行っている。著書・論文多数。

精選事例
消費税をめぐる判断と実務

令和 6 年10月24日　初版発行

著　者　金　井　恵美子
発行者　河　合　誠一郎

発 行 所　新日本法規出版株式会社

本　　　社総轄本部	（460-8455）　名古屋市中区栄 1 － 23 － 20
東京本社	（162-8407）　東京都新宿区市谷砂土原町2－6
支社·営業所	札幌・仙台・関東・東京・名古屋・大阪・高松広島・福岡
ホームページ	https://www.sn-hoki.co.jp/

【お問い合わせ窓口】
　新日本法規出版コンタクトセンター
　　📞 0120-089-339 （通話料無料）
　　●受付時間／ 9：00〜16：30 （土日・祝日を除く）

※本書の無断転載・複製は、著作権法上の例外を除き禁じられています。
※落丁・乱丁本はお取替えします。　　　ISBN978-4-7882-9389-2
5100290　精選消費税　　　　　　©金井恵美子 2024 Printed in Japan